„ZAHLUNGSUNFÄHIG
Hilfen zur Selbsthilfe"

> " Du kannst
> deine Schulden
> nicht mit
> Tränen
> bezahlen. "

Jüdisches Sprichwort

Autor

Ich kann von Glück sagen, dass es mir in meinem Leben immer gut gegangen ist. Nun möchte ich gern etwas zurückgeben an Menschen, denen nicht so viel Gutes widerfahren ist.

35 Jahre lang war ich in leitender Position eines Großunternehmens mit Personalverantwortung für 1500 Menschen tätig. Für mich gibt es nichts Schöneres als mit Menschen zu arbeiten, sie zu führen, zu motivieren und mit Ihnen zusammen eine gute Arbeit zu verrichten. Ich stellte neue Kollegen ein, war für ihre Förderung und Weiterbildung mitverantwortlich. Dies machte mir immer große Freude. Doch meine Arbeit hatte auch weniger schöne Seiten. Denn ich musste auch Menschen entlassen und ihnen möglichst andere Perspektiven aufzeigen. Mir war schmerzlich bewusst, dass eine Entlassung bei den Betroffenen Existenzängste auslöst. Schlimmstenfalls kann ein Jobverlust sogar zur Verschuldung, Überschuldung oder gar zur Zahlungsunfähigkeit führen. Hier habe ich viel Negatives mitbekommen.

Deshalb habe ich, nachdem ich das aktive Berufsleben gegen den Ruhestand getauscht habe, die Seiten gewechselt. Ich mache z.Zt. ein Studium zum zertifizierten Schuldnerberater. Außer meiner Motivation, etwas Gutes zurückgeben zu wollen, stellte ich mir die Frage: Was kannst du gut? Dabei kam mir der Gedanke:

- Strukturiert Arbeiten -

Strukturiertes Arbeiten, heißt immer eine bestimmte Systematik zu beherrschen und konsequent sich mit einem Thema auseinander zu setzten. Dies gilt, wenn man ein kleines Vermögen zu verwalten hat, genau so, wenn man einen Berg von Schulden hat und diesen Berg versuchen will aus dem Weg zu räumen. Konsequenz bedeutet hier, Ordnung und Überblick zu haben und Spielregeln zu lernen, wie man auch aus einer möglicherweise aussichtslosen Situation dennoch zu einer Lösung kommen kann. Letztendlich bietet die Gesetzgebung hierzu Wege an, die man kennen und anwenden kann. Dazu ist neben dem eigenen Willen einen solchen Weg, der lang und beschwerlich sein kann und in vielen Fällen auch ist, professionelle Hilfe notwendig.

Das wichtigste ist aber, die Erkenntnis zu haben, etwas verändern zu wollen, ja zu müssen. Ich bin der festen Überzeugung, dass Sie es schaffen können aus den Schulden herauszukommen. Aus diesem Grunde freue ich mich, dass Sie den Mut haben, Ihre Schulden anzugehen und als ersten Schritt Sie sich dieses kleine Buch erworben haben. Wenn Sie bereit sind, sich selbst zu helfen, unterstützt Sie dieser Ratgeber dabei. Auch Ihre Familie und Ihr Partner wird es Ihnen danken, dass Sie Initiative übernehmen.

Ich wünsche Ihnen, dass Sie schon bald sagen können: Ich bin aus meinen Schulden herausgekommen und habe den Weg durch die Privatinsolvenz erfolgreich geschafft!

Auf der Website
www.inops-solutions.de
www.was-tun.tv

erhalten Sie weitergehende Informationen zum Thema Zahlungsunfähigkeit und private Insolvenz – etwa in Form von Videos und aktuellen Artikeln – sowie ein Angebot an Hilfsmitteln.

Diese Angebote sollen Sie dabei unterstützen, die Zahlungsunfähigkeit möglichst schnell in den Griff zu bekommen. Auch weitere E-Books der Reihe „WASTUN!?" zu den Themen Verschuldung und Überschuldung sind dort erhältlich.

Im E-Book „Verschuldung" erfahren Sie wichtige Grundlagen und können sich kurzfristige, mittelfristige und langfristige Lösungswege erarbeiten, um alleine aus den Schulden herauszukommen. Dieses Buch ist eine notwendige Voraussetzung, denn darin lernen Sie, wie Sie die relevanten Themen systematisch erarbeiten, umsetzen und kontrollieren können.

In E-Book „Überschuldung" geht es einen Schritt weiter. Denn wenn Sie überschuldet sind, können Sie bestimmte Themen nicht mehr allein und ganz von selbst lösen. Stattdessen sind Sie auf die Mithilfe Ihrer Gläubiger – etwa Banken oder andere Kreditgeber wie Kaufhäuser – angewiesen. Doch die gute Nachricht ist: Wenn Sie aktiv werden und sich an Ihre Gläubiger wenden, zeigen Sie Ihren guten Willen und können auf Verständnis sowie einen positiven Ausgang hoffen.

Ich wünsche Ihnen viel Erfolg.
Auch Sie schaffen den Weg aus der Zahlungsunfähigkeit!

Heinrich Martin Thiel
März 2017

Bibliografische Information der Deutschen Nationalbibliothek:
Die Deutsche Nationalbibliothek verzeichnet diese Publikation
in der Deutschen Nationalbibliografie; detaillierte bibliografische Daten sind
im Internet über dnb.dnb.de abrufbar.

© 2017 , Heinrich Martin Thiel
Herstellung und Verlag:
BoD – Books on Demand, Norderstedt

ISBN: 978-3-7448-2114-8

INHALT

Musterbriefe

Einleitung

PRESSEMITTEILUNG BÖRSE FRANKFURT 06.06.2016:

Erneut weniger Privatinsolvenzen

„Immer weniger Privatleute müssen in Deutschland den Gang zum Insolvenzgericht antreten. Auch dank der weiter sinkenden Arbeitslosigkeit hat sich nach Angaben der Hamburger Wirtschaftsauskunftei Bürgel dieser Trend auch in den ersten Monaten des Jahres fortgesetzt. Demnach waren im ersten Quartal 25.649 Bundesbürger von einer Insolvenz betroffen, 3,7 % WENIGER als im Vorjahreszeitraum. Bürgel erwartet auch im Gesamtjahr einen Rückgang, das wäre der sechste in Folge. Aktuell werden für 2016 rund 103.000 private Insolvenzen erwartet, der niedrigste Stand seit 2005.

Mit der positiven Lage am Arbeitsmarkt gehe auch die Entwicklung bei den Privatinsolvenzen einher, berichtete Bürgel-Geschäftsführer Norbert Selin. Je höher die Realeinkommen der Bürger sind, desto niedriger ist die Gefahr von Privatinsolvenzen. Die durchschnittliche Schuldenlast der Betroffenen lag bei 32.500 Euro."

Was halten Sie von dieser Schlagzeile und den Erläuterungen?

Alles GUT oder doch Grund zur BESORGNIS?

Ich denke man muss sich diesen Trend und die Zahlen genauer anschauen und deutliche Unterschiede machen!

Wie sieht die Verteilung der Insolvenzen über Deutschland aus?

Wir haben ein deutliches Nord/Süd-Gefälle. Der Durchschnitt der Insolvenzen in Deutschland im 1. Quartal 2016 betrug 32 Insolvenzen pro 100.000 Einwohner. Deutlich liegt Bremen über diesem Durchschnitt mit 56 Einwohnern pro 100.000. Gefolgt von Niedersachsen mit 44, Hamburg mit ebenfalls 44 und dem Saarland mit 42. Das Mittelfeld mit jeweils 33-30 belegen Mecklenburg-Vorpommern, Berlin, Nordrhein-Westfalen, Schleswig-Holstein, Hessen, Rheinland-Pfalz, Sachsen-Anhalt, Brandenburg und Sachsen. Unterdurchschnittlich mit jeweils 23 pro 100.000 Einwohner belegen Bayern, Baden-Württemberg und Thüringen die besten Platzierungen. Dieser Aspekt ist nicht überraschend, spiegelt er doch nahezu auch die Wirtschaftskraft der Bundesländer im Ranking wieder als auch, wer ist Geber- oder Nehmerland im Länderfinanzausgleich und je höher das Realeinkommen ist, umso niedriger ist die Gefahr einer Privatinsolvenz.

In fünf Bundesländern ist dieser Trend nicht festzustellen, in Hessen, Bremen, Thüringen, Berlin und Sachsen-Anhalt steigen die privaten Insolvenzverfahren. In allen anderen Bundesländern nehmen sie jedoch deutlich ab, am stärksten in Bayern, Niedersachsen und Nordrhein-Westfalen.

Schauen wir uns einen anderen Aspekt an, die Altersstrukturen, bzw. das korrespondierende Geschlecht. Mehr Männer als Frauen melden ein Insolvenzverfahren an. Das entspricht 38 Männer pro 100.000 und 25 Frauen pro 100.000.

Clustern wir die Bevölkerung in Altersstufen so lässt sich folgender Trend erkennen:

- 18 - 20 Jahre
  0,3%   Tendenz gleichbleibend
- 21 - 30 Jahre
  16,6% Tendenz gleichbleibend
- 31 - 40 Jahre
  26,4% Tendenz stark fallend
- 41 - 50 Jahre
  26,3% Tendenz leicht fallend
- 51 - 60 Jahre
  20,4% Tendenz leicht fallend
- 61 -   Jahre
  10,0% Tendenz gleichbleibend

Was sind die aktuellen und häufigsten Gründe für eine Insolvenz?

- Arbeitslosigkeit,
  reduzierte Arbeit   19%
- gescheiterte Selbstständigkeit,
  Erkrankung, Sucht, Unfall   15%
- Scheidung, Trennung,
  Tod des Partners   14%
- Unwirtschaftliche
  Haushaltsführung   11%
- Nicht auskömmliches
  Einkommen   7%
- Sonstige Gründe   34%

Der überwiegende Teil der Privatpersonen in einer Insolvenz hat vor allem bei Kreditinstituten, Versandhändlern, Versicherungen, Behörden, Energieversorgern und Telefongesellschaften Schulden.

WAS TUN!?

Resümee aus diesen Zahlen:

In den meisten Fällen ist der Gang in die Insolvenz durch unverschuldete Gründe, wie z.B. Arbeitslosigkeit, Scheidung, Erkrankung herbeigeführt worden. Was aber beunruhigender ist, ist die Entwicklung von Insolvenzen bei jüngeren Menschen bis 30 und perspektivisch noch bedeutender und zunehmender bei älteren Menschen ab 60.

Dafür gibt es auch gute Gründe. Zum einen leben wir in einer Zeit der Niedrigstzinsen. Die Versuchung sich zu Nullprozent-Zins im Onlinehandel etwas zu bestellen ist sehr groß geworden. Hypothekendarlehn um ein Prozent sind heute an der Tagesordnung, nach guter Bonität wird selten gefragt. Gute Bonität heißt, man sollte um die 20-25% Eigenkapital haben, bevor man ein Projekt mit der Finanzierung über ein Hypothekendarlehn in Angriff nehmen will.

Was ebenso schwerwiegend ist, dass die Zahl der Insolvenzen im Alter nicht rückläufig ist. Hier haben wir es mit der Rentenstruktur und der immer schwächer werdenden Realrente zu tun.

Selten sind Arbeitnehmer mit einem Durchschnittseinkommen in der Lage die Beitragsbemessungsgrenze für Rentenbeiträge zu erreichen. Dies hat die Auswirkung, dass die spätere Rente nicht das erforderliche Niveau zu einer gesicherten Lebendführung erreicht. Schlimm wird es dann noch, wenn Altschulden in der Rente abzutragen sind und dies den verbleibenden geringen Rentenanteil deutlich schmälert.

F_{azit}

Also, Sie sehen, alleine schon mit wenigen Zahlen lässt sich plausibel darstellen, dass das Thema Zahlungsunfähig ein brandaktuelles Thema ist und uns in Zukunft noch weiter beschäftigen wird.

Denn bedingt durch Niedriglohn-Beschäftigungsverhältnisse, Arbeitslosigkeit, fehlende Betriebsrentenversorgung, keine Möglichkeit der privaten Rentenvorsorge wird das Thema Altersarmut einen noch größeren Stellenwert in der Gesellschaft einnehmen, als wir es uns jetzt vorstellen können.

Ein zweites Thema wird sein, dass auch die Niedrigst-Zinsphase einmal zu Ende sein wird und Anschlussfinanzierungen notwendig werden. Wenn also heute bereits Finanzierungen mit „heißer Nadel" gestrickt sind bei einem Zinsniveau von etwa einem Prozent, was wird dann sein, wenn wieder vier bis sechs Prozent Hypothekenzins üblich sein werden?

Als drittes Thema ist hierzu sicherlich auch die aktuelle Einwanderungswelle zu erwähnen. Nicht jeder der zu uns gekommen ist, ist Akademiker, Handwerker, Krankenschwester oder Altenpfleger, oder im Dienstleistungssektor unmittelbar einsetzbar. Gelingt uns hier nicht eine ganzheitliche Anstrengung der gesamten Bevölkerung und aller notwendigen Institutionen eine bestmögliche Integration, Erlernen der deutschen Sprache und Erlernen unserer Kultur hin zu bekommen, werden wir das Thema Anstieg der Arbeitslosenzahlen und Anstieg der Sozialhilfeempfänger zu einer neuen Dimension führen.

Der positive Aspekt wird aber sein, gelingt uns die Integration und gelingt uns ein mitmenschliches Miteinander, haben wir eine sehr reelle Chance der demografischen Entwicklung einen anderen Verlauf zu geben und ganzheitlich davon zu profitieren.

Als viertes Thema müssen wir beachten, dass wir keine Gettobildung in unseren Großstädten zulassen und damit parallele Gesellschaften schaffen.

Dies kann bedeuten, dass wir den Tiefpunkt der Privatinsolvenzen in 2016 gesehen haben und der stets rückläufige Trend der letzten fünf Jahre damit beendet sein kann.

Blick in die Zukunft

Die Überschuldung in Deutschland hat möglicherweise ihren Tiefpunkt erreicht. Bis 2016 konnte noch jeweils ein Rückgang der Schulden- und Insolvenzzahlen festgestellt werden. Allerdings ist auch diese Entwicklung auf eine spürbare Bevölkerungszunahme zurückzuführen. Der Kaufrausch der letzten Jahre, bedingt durch die Niedrigzinsjahre und die verstärkte Inanspruchnahme des privaten Konsums zur Konjunkturstützung werden weiterhin versetzte Folgen in den nächsten Jahren haben (keine Niedrigstzinsen mehr, Rentenniveau weiter rückläufig, Arbeitslosenzahlen ansteigend).

Daher bleibt die Schuldenprognose für deutsche Verbraucher auch angesichts internationaler Probleme (Europäische Union, Syrien, Türkei, Griechenland, Bankenkrise, usw.) vergleichsweise angespannt.

Anscheinend haben wir eine veränderungsresistente Sockelverschuldung. Das heißt, konjunkturabhängige oder politikabhängige Faktoren unberücksichtigt, ändert sich ein konstantes Niveau von Insolvenzen und zahlungsunfähigen Menschen nicht.

Zunehmend werden wir es mit dem Thema Altersüberschuldung weiterhin in steigendem Maße zu tun haben. Immer mehr ältere Menschen geraten in eine Schuldenfalle. Trotz Rentensteigerungen der letzten Zeit kann ein Lebensniveau für eine Grundabsicherung nicht erzielt werden und diese Menschen müssen die staatliche Grundsicherung über Harzt IV in Anspruch nehmen.

Zudem bleibt abzuwarten, wie sich die Konjunktur und der Beschäftigungsmarkt in Deutschland entwickeln werden und wie es die Verbraucher weiterhin schaffen, eine vernünftige Balance zwischen Notwendigkeiten von Anschaffungen, Konsum und persönlicher Vorsicht hin bekommen. Für viele deutsche Verbraucher steht die Überschuldungsampel auf „ROT". Perspektivisch ist demzufolge, um Zahlungsunfähigkeit und dadurch bedingte Insolvenz zu vermeiden, folgendes konsequent und politisch gewollt zu beachten

- Weitere Stabilisierung der Arbeitslosigkeit auf derzeit niedrigem Niveau
- Bildungsförderung im Bereich der jeweiligen persönlichen Finanzkompetenz, besonders bei jüngeren und älteren Menschen
- Weitere Sensibilisierung durch die Politik für Menschen in Zahlungsschwierigkeiten
- Ausbau und Stärkung der Insolvenz- und Schuldenberatung
- Änderung des Bankenverhaltens bei Kreditvergaben. Bonitätsprüfung muss wieder einen außerordentlichen Stellenwert haben
- Staatliche und private Präventionsbemühungen müssen bereits an den Schulen greifen

Entsprechenden Einfluss hat diese Thematik auch auf das Thema Armut. Per Definition ist Arm, wer weniger als 60% eines mittleren Jahreseinkommen von ca. € 20.000.- (Ein-Personen-Haushalt) bezieht.

Legen wir dieses Niveau zugrunde, also ca. € 12.000.- Jahreseinkommen, dann sind in Bremen ca. 25% der Bevölkerung von Armut bedroht, bis hin zu Bayern am Ende der Tabelle mit ca. 12% der Bevölkerung.

Die Schere zwischen arm und reich, wird in Deutschland zunehmend größer und wird die Politik der nahen Zukunft beschäftigen. Möglicherweise werden die aktuellen Instrumente der freien Marktwirtschaft nicht mehr ausreichen, um diesen Trend ohne weitere Verwerfungen oder Anstieg von sozialbegründeten Tumulten zu stoppen.

WAS TUN!?

Dieser Aspekt wird aktuell durch eine populistisch getriebene Verschiebung der politischen Landschaft verschärft. Tendenzen wie in USA, Ungarn, Frankreich, Niederlande oder auch bei uns in Deutschland durch die AfD verursacht, birgt die große Gefahr, der weiteren Spaltung der Nation in Arm und Reich und zunehmende nationalistische Tendenzen, die Wirkungen entwickeln, die mit einer soliden marktwirtschaftlichen Führung eines Gemeinwohls nichts zu tun haben werden. Versprechen, die nicht realistisch, verführerisch und volkswirtschaftlicher Unsinn sind, werden gerade von den vermeintlich „Abgehängten" in der Gesellschaft heilswirksam aufgesogen. Letztlich wird und diese Tendenz weiter Schwierigkeiten bereiten und es wird zu Rückschlägen kommen, die nicht nur zum neuerlichen kalten Krieg führen werden, mühsam erarbeitete Zukunftsmodelle der Staatengemeinschaft in Frage stellen, aber auch wirtschaftliche Randbedingungen verändern, dass Wohlstand und damit wiederum erhöhte Armut und treffen werden.

Der Weg von der Verschuldung, über die Überschuldung hin zur Zahlungsunfähigkeit

Es soll wirklich nicht despektierlich klingen, aber mitunter kann man von einer „Schuldenkarriere" sprechen. Die Karriere beginnt fast immer damit, dass man hier und da ein paar Ausgaben getätigt hat, sich etwas erlaubt hat, was nicht hätte sein brauchen, ein Auto notwendig wurde, was dann aber doch vielleicht eine Nummer zu groß angeschafft wurde. So rutscht man allmählich unbewusst und geräuschlos in eine Verschuldung.

WAS TUN!?

Diese Schulden lassen sich sicherlich durch monatliche Vereinbarungen bedienen. Aber, dass was am Monatesende übrigbleibt, wird immer kleiner. Der Weg von der Verschuldung zur Überschuldung ist dann gar nicht mehr weit und mitunter von Ereignissen ausgelöst, die man nicht selbst zu vertreten hat. Arbeitslosigkeit, Scheidung, Krankheit sind nur die am häufigsten zu nennenden Ereignisse, die eine solche Situation auslösen können.

Überschuldung bedeutet dann - mit den regelmäßigen monatlichen Einkünften können die Schulden und die daraus vereinbarten Tilgungen und Annuitäten nicht mehr bezahlt werden. Was nun?

Diese Situation bemerkt der Schuldner meistens zu spät, denn er hat bisher immer versucht durch Abzahlungsvereinbarungen, Umschuldungen oder Streckungen und Stundungen diese Situation selbst zu regeln. Dies ist sehr ehrenwert, bekämpft aber nicht die grundlegende Situation. Langsam reift dabei auch die Erkenntnis, dass sich bei allen Anstrengungen die Gesamtschulden eigentlich gar nicht verringern, sondern relativ stabil bleiben. Mit dieser Erkenntnis wird dann in der Regel nochmal versucht mit den Gläubigern eine Lösung zu finden. Verwandte, Freunde werden möglicherweise um eine finanzielle Überbrückung befragt.

Dieses Geld fliest dann meistens zu den dringlichsten und in vielen Fällen zu den aufdringlichsten Gläubigern. Leider ist es meistens so, dass dieses letzte Aufbäumen, die Gläubiger dem Schuldner kaum danken.
Dies hat in der Regel auch einen einfachen Grund: Der oder die Gläubiger haben die Schulden des Schuldners an Inkassobüros bereits verkauft und diese Inkassobüros funktionieren nach einem schematischen Vorgehen, was automatisch abläuft und jede Menge Nebenkosten produziert.

Diese Inkassobüros oder Inkassostellen haben eine Vielzahl von Forderungen zu betreuen und bedienen sich, wie in einem gewöhnlichen Geschäftsprozess, einem automatischer Verfahren. Diese Verfahren laufen wie am Fließband. Selten verbessert der Schuldner in einer solchen Situation seine eigene Lage. Somit ist dann auch höchst zweifelhaft, ob „letzte Bemühungen" und außergewöhnliche Aktionen wirklich Nutzen bringen, sie verschieben

das Problem nur und kosten den Schuldner meistens sein letztes flüssiges Geld.

> Deshalb kann man nur
> den Rat in einer solchen Situation geben:
>
> Schuldner lass Dich professionell beraten, geh an die Wurzeln Deines Dilemmas und versuche mit fremder Hilfe oder einer guten Systematik die Ursachen zu erkennen und diese Ursachen dann konsequent anzugehen.

Wie man dies macht, habe ich in meinen Büchern „Verschuldet" und „Überschuldet" sehr detailliert und für jedermann praktikabel und nutzbar beschrieben.

Die weitergehende Konsequent, neben der „Ursachenbekämpfung" muss aber in einer solchen Situation auch sein, ein ganzheitliches Schuldenbereinigungsverfahren mit **ALLEN** Gläubigern gemeinsam anzugehen.

Mit einem solchen Ansatz macht es zunächst einmal Sinn, seinen guten Willen gegenüber den Gläubigern zu demonstrieren und einen ganzheitlichen Ansatz der Bereinigung aller Schulden anzugehen. In einer solchen Situation kann es dann auch nützlich und von Vorteil sein, zusätzliche Geldquellen im familiären oder freundschaftlichen Umfeld zu erschließen und dazu einzusetzen. Dies gilt aber wirklich nur für einen ganzheitlichen Ansatz.

Eins ist damit aber auch klar, wer gar nichts tut und die Dinge schleifen lässt, verschlechter seine Position erheblich.

Ich habe immer wieder in meinen Ratschlägen und Anleitungen davon gesprochen, dass eine ehrliche Kommunikation mit den Gläubigern sinnvoll und richtig ist und auch helfen kann. Diese ehrlichen Bemühungen, sogar oft über Jahre, können nützen und sind ein möglicher Weg. Aber je nach Gemengelage der Gläubiger und Anzahl der Gläubiger, wie auch Anzahl und Höhe der Schulden, führt ein solches Vorgehen nicht immer zum gewünschten Ziel.

Erkennen Sie, dass die Gläubiger überhaupt keine Bereitschaft erkennen lassen mit Ihnen eine Lösung zu finden und destruktiv ihr „Schema F" durchziehen wollen, haben Sie nur noch eine sinnvolle Möglichkeit - den Weg zur professionellen Schuldenberatung - zu suchen.

Hier erhalten Sie kostenlose Ersthilfe, Anleitungen zur Analyse Ihrer Situation und letztlich Hilfen und Vorgehensvorschläge zu einer endgültigen und zielorientierten Lösung Ihres Schuldenproblems.

Das wichtigste in einem solchen Moment verbunden mit dem Entschluss, den Weg zu einer Schuldenberatungsstelle zu gehen, ist, dass man sich wirklich um Sie kümmert und in erster Linie auch dafür Sorge trägt, dass

Ihre Existenz nicht gefährdet wird. Das heißt, es wird darauf geschaut, dass Sie Ihre Wohnung behalten, dass Sie über ein unpfändbares Einkommen verfügen und dass Sie bestimmte Möglichkeiten, die der Sozialstaat anbietet, nutzen können. Wenn Sie so wollen – es wird zunächst eine Ersthilfe wird für Sie entwickelt.

Schuldenmachen - typisch Deutsch ??

Eigentlich geht es uns in Deutschland doch sehr gut! Zu diesem Eindruck muss man kommen, wenn wir die Situation in Deutschland mit unseren Partnerländern in Europa vergleichen, geschweige denn mit anderen Ländern außerhalb Europas. Wir haben einen Sozialstaat, einen Generationenvertrag, auskömmlichste Sozialgesetze und Unterstützungsleistungen, und dennoch haben wir in Deutschland rund 10% Menschen die verschuldet sind. Typisch Deutsch ?

Nein, ich denke, dass sich, wie in jeder Zeit, immer wieder menschliche Verhaltensmuster zeigen, die sich aber ausprägen an den Möglichkeiten, die die jeweilige Zeit hervorbringen.

Das typischste Beispiel hierfür ist sicherlich das Internet und die sich damit ergebenden Möglichkeiten. Derartige Beispiele lassen sich beliebig weiter aufzählen. Es ist also nicht etwas typisch deutsches, sondern auch im Vergleich zu anderen Ländern, eine Fortschreibung historischer Gegebenheiten, von der Steinzeit bis zum heutigen Tag.

Also, wenn schuldenmachen nicht typisch deutsch ist, was ist es dann, was immer wieder Menschen in Schuldenfallen und Verschuldung treibt?

Der Verlust des Arbeitsplatzes ist die Hauptursache für Überschuldung von privaten Personen. Fast jeder fünfte der 115.000 Hilfesuchenden bei einer Schuldenberatungsstelle begründet seine Lage mit Arbeitsplatzverlust, also im Wesentlichen, ein unplanbares Ereignisse. Danach kommen, wie bereits erwähnt, gesundheitliche Probleme, Trennung, unangemessenes Konsumverhalten. Alleinlebende Männer und alleinerziehende Frauen, wie auch zunehmend ältere Menschen, stechen aus den Hilfesuchenden hervor.

Auf den ersten Blick überraschen eigentlich solche Zahlen und Erkenntnisse, geht es uns in Deutschland doch vergleichsweise gut. Die Arbeitslosenzahl ist auf dem niedrigsten Stand seit 25 Jahren, die Reallöhne steigen, weil die Inflationsrate sehr niedrig ist. Schließlich wurde der Mindestlohn eingeführt. Also, dies alles sind eigentlich positive Voraussetzungen.

Dennoch haben wir ein relativ stabiles Niveau von Menschen die ein Verbraucherinsolvenzverfahren anstreben und durchführen. Im Jahr 2015 wurde in Deutschland immer noch in 350.000 Haushalten zwangsweise der Strom abgestellt.

Etwa 10 Millionen Bundesbürger befinden sich in einer dauerhaften Schuldenspirale. Die Dunkelziffer hierzu ist nicht bekannt, denn solche Zahlen und Statistiken berufen sich auf Auswertungen der Schuldnerberatungsstellen. Die können natürlich nur Werte erheben von Personen die zu diesen Beratungsstellen gekommen sind.

Gehen wir noch etwas mehr ins Detail. Die Personengruppe 25-bis 44-jährig ist am häufigsten verschuldet. Diese Altersgruppe macht zwar nur 30 Prozent der Gesamtbevölkerung aus, doch machten sie die Hälfte der Beratungssuchenden in der Schuldnerberatung aus. Die durchschnittliche Schuldensum-

me dieser Gruppe wurde auf etwa 35.000 Euro taxiert. Lediglich 6 Prozent der Menschen hatten Schulden von mehr als 100.000 Euro.

Fazit

1. Die gute wirtschaftliche Lage in Deutschland bringt zwar mehr Menschen in einen Job, doch dies schützt nicht unbedingt vor Überschuldung.

2. Mindestlöhne und geringe Arbeitslosigkeit sind kein Garant für Überschuldung im Alter

3. Die Schere zwischen Arm und Reich in Deutschland wird zunehmend größer

4. Das durchschnittliche Einkommen der Hilfesuchenden bei Beratungsstellen beträgt 1.050 Euro, dass entspricht etwa der Armutsgrenze

5. Die Sozialsysteme können nicht das Gefälle zwischen steigenden Ansprüchen und tatsächlichem Realeinkommen auffangen

6. Der Staat ist zunehmend gefordert zukünftiges Augenmerk auf diese Schere zu legen und dafür zu sorgen, dass soziale Gerechtigkeit - als staatliches Grundprinzip - uns weiterhin sozialen Frieden und uns allen beste Grundvoraussetzungen für einen funktionierenden Wirtschaftsstandort Deutschland bietet. Nur so, können wir uns auch diese aufwendigen sozialen Systeme in Zukunft noch leisten.

Eine gewagte These hierzu ist die Einführung eines staatlich garantierten Mindesteinkommens. Dies könnte sich volkswirtschaftlich gesehen sicherlich durch strukturelle Verschiebungen von Leistungen und Personalkosten rechnen, wird aber keine Garantie für weniger Verschuldungen bieten. Dies hatten wir ja historisch auch bereits so abgeleitet.

Also, Schulden ist nicht typisch Deutsch, sondern eine Erklärung, die im „System Mensch" und den Umständen in denen er unterwegs ist, historisch verankert. Lediglich die veränderten Zeiten geben diesem „Urzustand" immer neue Möglichkeiten sich schneller, anonymisierter Geld oder Waren zu beschaffen, die Ihn in eine Verschuldung führen können.

Bonität und SCHUFA

Zum Thema Zahlungsunfähigkeit ist es wichtig über seinen SCHUFA-Status Bescheid zu wissen und die Zusammenhänge zu verstehen, die mit einer SCHUFA-Auskunft und SCHUFA-Erkenntnissen zu tun haben.

Kreditwürdigkeit beginnt mit SCHUFA - so einfach ist das. Immer, wenn Gläubiger oder angehende Gläubiger sich mit dem Thema Kreditvergabe, sei es Hypothekenkredite, Verbraucherkredite befassen, wird die SCHUFA zu Rate gezogen.

Die SCHUFA ist eine „geheimnisumwitterte Institution", der man nicht in die Karten schauen kann und schon gar nicht weis, wie sie die Bonität eines Gläubigers berechnet.

Tatsache ist aber, an der SCHUFA kommt niemand vorbei. Versuchen wir uns trotzdem diesem Thema zu nähern:

Statt renditelosem Sparen, lieber konsumieren und dies womöglich noch mit einem preiswerten Kredit?

Wer sich den einen oder anderen Traum auf diesem Wege erfüllen will, muss immer eine Bonitätsprüfung über sich ergehen lassen. Die SCHUFA gibt dem Kreditgeber, dem Lieferanten die notwendigen Informationen, die er zur Beurteilung und Risikoeinschätzung für die Vergabe eines Kredites und der Lieferung von Waren an Sie benötigen.

Reicht das Ersparte nicht für ein neues Auto, die Wunschimmobilie oder die längst notwendige Wohnungserneuerung? Hier greift man dann zu einem Verbraucher- oder Hypothekenkredit. Diese Kredite sind momentan, bedingt durch die Nullzinspolitik der EZB, besonders günstig und daher verlockend.

Immobilienkredite erhalten Sie momentan unter ein Prozent, Raten- oder Verbraucherkredite um die zwei bis drei Prozent, unter der Voraussetzung, dass der Kreditnehmer zahlungskräftig ist und willens, das geliehene Geld auch zurückzuzahlen. Dies verrät die SCHUFA dem Kreditgeber, indem sie jedem, bei der SCHUFA Registrierten, eine Bonitätsnote/Scorewert zuordnet.

Diese Werte, sollen den Kreditgeber davon überzeugen, dass der Kunde seine Raten auch bedienen kann, oder auch nicht. Online-Händler und Mobilfunkanbieter verlassen sich auf eine Bonitätsauskunft bei der SCHUFA. Neben der SCHUFA gibt es auch andere Auskunfteien wie Arvato Infoscore, Creditreform oder Bügel, um nur die wichtigeren zu nennen.

Um Ihnen mal ein paar Zahlen zu nennen. Die SCHUFA ist der wichtigster Partner der Banken bei Kreditvergaben und hat jeden Tag Datenzugriffe für Auskünfte über Zahlungsverhalten und Ausfallwahrscheinlichkeiten von Verbrauchen in der Größenordnung von 350.000. Die Zahl der bei der SCHUFA gespeicherten Verbraucherkredite ist in den letzten 10 Jahren um gute 50 Prozent gestiegen. Es lebe das Niedrigzinsumfeld!

Das Bewertungssystem, dass auf sogenannten Score-Werten basiert, sieht folgendermaßen aus:

SCHUFA Basisscore Tabelle	
Scorewert	Ausfallwahrscheinlichkeit
>97,5%	Sehr geringes Risiko
95% - 97,5%	Geringes bis überschaubares Risiko
90% - 95%	Zufriedenstellendes bis erhöhtes Risiko
80% - 90%	Deutlich erhöhtes bis hohes Risiko
50% - 80%	Sehr hohes Risiko
<50%	Sehr kritisches Risiko

Problematisch wird es für Verbraucher, wenn die Bonitätsbewertung schlecht ausfällt. Aus diesem Grunde ist es hier notwendig Sie mit den wesentlichen Grundinformationen zu versorgen, wie die Auskunfteien arbeiten und welche Informationen sie preisgeben.

Was Sie als Verbraucher selten wissen:

Wenn Sie im Netz bei Online-Händlern bestellen, genehmigen Sie in der Regel über die Anerkennung der Allgemeinen Geschäftsbedingungen, dass Ihre Daten an eine Auskunftei weitergegeben werden.

Bei Bankkrediten, generell, ist sogar ein eigenes Formular üblich, welches von dem Kreditsuchenden zu unterschreiben ist.

Die Frage ist damit aber immer noch nicht beantwortet, welche Informationen aus den vielfältig den Auskunfteien übermittelten Daten beeinflusst denn nun die Einstufung in das Score-System?

WAS
TUN!?

Sechs Millionen Deutsche haben eine eingeschränkte Bonität, dass sind etwa 10 Prozent des registrierten Datenbestandes bei der SCHUFA. Diese Daten kommen im wesentlichen von Vertragspartnern der SCHUFA, wie die Banken, Leasinggesellschaften und Telekommunikationsanbieter.

Wünscht ein Verbraucher zum Beispiel eine Baufinanzierung, benötigt die angefragte Bank zunächst einmal eine eigene Bonitätsprüfung, die immer auf Angaben zum Einkommen und der jeweiligen Vermögenssituation des Antragstellers beruht. Diese Daten erfasst die SCHUFA nämlich nicht. Diese Daten plus die SCHUFA-Daten geben erst dem Kreditgeber ein komplettes Bild zum Risiko der anstehenden Kreditvergabe.

Den persönlichen Score-Wert beeinflussen zum Beispiel alle Informationen zum Zahlungsverhalten. Dies sind Angaben zu vorhandenen Bankkonten, Kreditkarten, Leasingverträgen, Mobilfunkkonten, Versandhandelskonten und Ratenzahlungsgeschäften.

Dies auch bei Krediten und Bürgschaften, Zahlungsausfällen bei angemahnten und unstrittigen Forderungen. Informationen aus Girokonten und deren Anwendung und Verlauf deuten vielfach darauf hin, wie der Kunde mit seinem Geld haushaltet. All diese Daten werden gesammelt und über gutgehütete Rechenverfahren zur Ermittlung des Score-Wertes herangezogen.

Mahnverfahren, vollstreckbare Titel (Zwangsversteigerungen, Pfändungen, Privatinsolvenzverfahren, eidesstattliche Erklärungen, ungedeckte Schecks) beeinflussen die Bonität negativ.

Ein niedriger Score-Wert bedeutet für die Bank zunächst erst einmal ein mögliches höheres Ausfallrisiko für einen zu vergebenden Kredit. Dieses Risiko schlägt sich entsprechend in der Berechnung des Zinses wieder, den die Bank immer individuell für jede Kreditvergabe personifiziert errechnet. So mittelt die Bank über alle Kreditvergaben das zu erwartende Risiko und steuert ein mögliches Ausfallrisiko über die Höhe des Zinses.

Also ist es wichtig seine eigene Situation bei der SCHUFA zu kennen. Eine Selbstauskunft gibt Aufschluss über die gespeicherten Daten. Diese Selbstauskunft kann jeder kostenfrei über die Homepage der SCHUFA erfragen. Wenn Sie diese Selbstauskunft erhalten finden Sie alle personenbezogenen Daten von sämtlichen Konten, allen relevanten Verträgen mit Zahlungsverpflichtungen, unstrittige Forderungen, vollstreckbare Titel, eidesstattliche Erklärungen und Insolvenzverfahren.

Wenn ein negativer SCHUFA-Eintrag anstehen sollte, wird dies vorher dem Verbraucher mitgeteilt.

Bevor aber ein Unternehmen einen Zahlungsausfall oder -Versäumnisse der SCHUFA melden darf, muss es dem Verbraucher diesen Schritt vorher ankündigen und dazu eine Frist setzen. Erfolgt tatsächlich ein negativer Vermerk bei der SCHUFA, bleibt dieser über Jahre sichtbar. Sie sehen, wie wichtig es ist, über den persönlichen Stand der Eintragungen bei der SCHUFA informiert zu sein, da dies erheblichen Einfluss auf Ihre Bonität hat.

Fehler in der SCHUFA-Auskunft sind höchst selten. Dennoch: Fehler bei den gespeicherten Daten sind nicht auszuschließen, denn bei der Übermittlung von Daten der SCHUFA-Partner an die SCHUFA können natürlich Fehler auftreten.

Verbraucher, die einen Kredit beantragen wollen oder viele Kreditverträge und Konten haben, ist daher dringend zu raten, jährlich einmal von dem kostenlosen Recht der Selbstauskunft Anspruch zu nehmen.

Eventuelle Fehler können dann der SCHUFA gemeldet werden und im Abgleich mit dem Urheber der Falschinformation korrigiert werden. Auch wenn Sie den Überblick über Ihre persönliche Situation verloren haben, hilft die Selbstauskunft sich diesen Überblick zu erarbeiten.

WAS TUN!?

Schuldenberatung

> ## Man kann mit Schulden leben -
> ja, muss man aber nicht.

Ich denke, was wir auch bereits ausgeführt haben, Schulden zu haben kann immer mit eigenem Unverschulden zu tun haben, aber auch mit einem irrationalen Umgang mit Geld und einer dazu wenig passenden Lebensphilosophie. Vielfach wird man aus dem „Leben mit Schulden" geweckt, sei es durch ein Überdenken der Eigenverantwortung, oder man wird gedrängt nun endlich etwas gegen die erdrückenden Schulden zu tun. Dieser Anstoß kommt dann meistens aus der eigenen Familie oder dem engsten familiären Umfeld.

In der Regel geht dies einher mit einem Erreichen eines Maximums an Hilflosigkeit und Ausweglosigkeit zur eigenen Schuldensituation. Vergleichsweise wäre dies wie bei einem Boxer, der angezählt im Ring kniet, sich aber nochmal aufrappeln kann und einen möglicherweise aussichtslosen Kampf weiterführen will. Die Rettung ist hier manchmal das „weiße Handtuch" was signalisiert – Schaden von der betroffenen Person abzuhalten.

Dieses „Weiße Handtuch" kann für drei
verschiedene Vorgehensweisen stehen:

1. Du kannst Dir selbst helfen und bist willens dies auch strukturiert anzugehen
2. Im Internet gibt es verschiedene professionelle Hilfen, die gegen Geld Hilfe anbieten
3. Es gibt die Stellen der Schuldnerberatung, die kostenlos und umfänglich, wie auch professionell helfen können

Ich vertrete die Meinung und habe dies auch in meinen Büchern „Verschuldet" und „Überschuldet" dargelegt, dass ein Schuldner sich sehr wohl selbst helfen kann, durch ein strukturiertes und konsequentes Anwenden von einfachen und leicht umsetzbaren Verhaltensänderungen, Transparenz und aktivem Vorgehen.

Diese Art der „Hilfen zur Selbsthilfe" bewirkt zweierlei und dies ist erwähnenswert.

Einmal eine Veränderung des eigenen Lebens und zum zweiten das Beschäftigen mit sich selbst und seinen Schulden, was schließlich zu einer Lösung führt. Diese Schritte sind Selbstmanagement und bedeuten Umerziehung hin zu einer anderen Wahrnehmung des eigenen ICH's.

Hilfe durch Internet-basierte Unterstützung, ohne persönlichen Kontakt, vollkommen anonym und „Excel-basiert", halte ich für nicht zielführend, da in keinem der Prozessschritte auf persönliche Themen reflektiert wird und werden kann. Dies ist aber wichtig, da kein Schuldenfall gleich ist und jeder einzelne Schuldenfall seine eigene Historie, seine eigenen Umstände und daraus abgeleitet auch seine eigenen Lösungswege benötigt.

Wes weiteren kommt hinzu, dass solche Anbieter dies natürlich nicht für „Gotteslohn" tun, sondern Geld verdienen wollen, mit jemandem der aber kein Geld hat. Das heißt, die Schuldenlast wird nochmal um eine neue Position erhöht.

Also, last but not least der Weg zur Schuldenberatungsstellen

In Deutschland gibt es ein weitverbreitetes, meist den Kommunen, Landkreisen oder Bezirken zugeordnetes Netz von Schuldnerberatungsstellen.

Diese Schuldenberatungsstellen sind in der Regel Sozialträgereinrichtungen zugeordnet oder direkt einer Kommune oder dem Kreis. Dies hat den Grund, dass zum einen dadurch die Regeln des Rechtsdienstleistungsgesetzes (RDG) Rechnung getragen wird, und zum zweiten die unentgeltliche Leistungserbringung, in der Regel durch die öffentliche Hand, gewährleistet ist.

Jeder Bürger hat das Recht, entsprechend seines Wohnsitzes, eine Schuldnerberatungsstelle aufzusuchen und sich beraten zu lassen. Dies heißt, der Wohnsitz des Schuldners regelt, welche Schuldnerberatungsstelle hier für Ihn zuständig ist. Dies schließt aus, dass jemand der in Hamburg seinen Wohnsitz hat, eine Beratungsstelle in Nürnberg für sein Anliegen aufsuchen kann.

Im nachfolgenden möchte ich Ihnen wichtige Informationen zur Schuldnerberatungsstelle geben und damit auch empfehlen, entsprechend den weiteren Informationen zu diesem Buch, im Falle einer privaten Verbraucherinsolvenz, dies in Zusammenarbeit mit einer Schuldnerberatungsstelle zu tun.

Warum gehen Menschen zu einer Schuldnerberatungsstelle?

Wie eben schon erwähnt ist sicherlich eine Motivation, dass jetzt der Zeitpunkt da ist, dass alles über einem zusammenzubrechen droht. Man wurde zur Schuldnerberatung „geschickt", oder man will mal unverbindlich hören, was die so zu bieten haben.

Auf alle Fälle kann man eins sagen – der Schuldner verlässt den Schutz der eigenen Anonymität und offenbart sich einem anderen Menschen und bittet um Hilfe und Unterstützung. Wenn man diesen Schritt geht, ist noch nicht klar, was man eigentlich erreichen will und welche Themen zu einer Lösung anstehen. Diese Unsicherheit vor dem Gang zur Schuldnerberatung kann sich äußern in Existenzängsten, Unsicherheit im Umgang mit seinen Gläubigern, zunehmendem Druck der sich durch Gläubiger kontinuierlich aufbaut, kann aber auch in ganz anderen Bereichen nebensächlichst zu suchen sein, wenn es sich um Suchtthemen, Ehestreitigkeiten und berufliche Probleme handelt.

Ein Erstgespräch mit einem professionellen Schuldnerberater ist daher immer geprägt von der Frage, was will der Betroffene und wie kann eine Hilfeleistung und Unterstützung aussehen.

Um diese allererste Klärung herbeizuführen sind folgende Dinge unerlässlich:

1. Offenheit gegenüber dem Berater

2. Vorbereitung der Unterlagen

3. Eigene Vorstellung, was will ich und was ist mein Ziel

Wie kann Sie der Schuldnerberater unterstützen:

Das Erstgespräch ist dahingehend wichtig, dass es zu einem Aufbau einer vertrauensvollen und respektvollen, aber auch tragfähigen Arbeitsbeziehung zwischen dem Ratsuchenden und dem Berater kommt. Darüberhinaus wird eine Orientierung erarbeitet, erfragt und, wenn sich beide Seiten auf eine Weiterführung der Beratung verständigen, eine Struktur für weitere notwendige Gespräche erstellt.

Dabei erhält der Ratsuchende für Ihn wichtige Erstinformationen über Zuständigkeiten, Arbeitsweisen, Unterstützungsmöglichkeiten, Abläufe, Beratungsmethodik, Aktenführung und Datenschutz. Spielregeln für eine funktionierende Zusammenarbeit werden thematisiert, wie Terminintervalle, Handhabung von Terminabsagen aus wichtigem Grund, Unterlagen bereit stellen, Gründe für einen Beratungsabbruch.

Dem Berater ist sehr wichtig, um seine Beratungsleistung Fallspezifisch erbringen zu können, mit dem Ratsuchenden folgende Themen anzusprechen und im Vorfeld zu klären:

1. Was ist tatsächlich der Auslöser für das Aufsuchen der Beratungsstelle? Was hat Sie hierher geführt und wie stellt sich das aktuelle Problem dar?

2. Wie kommt es zum Kontakt zur Schuldnerberatungsstelle, wurden Sie geschickt, durch wen? Dies lässt Erkenntnisse zur Motivation des Ratsuchenden zu.

3. Der Berater versucht das Problem zu erkennen und zu definieren. Dies möglichst anhand von Fakten und entsprechenden Unterlagen. Dies auch um erkennen zu können, wer letztlich ein Problem hat, der Ratsuchende oder vielleicht jemand anderes?

4. Gibt es möglicherweise bereits Vorerfahrungen zum Thema Schulden?

Wurde in der Vergangenheit bereits an diesem Thema an anderer Stelle gearbeitet und Unterstützung gegeben. Wie ist der Stand ggf. bei Verhandlungen mit Gläubigern. Hat es bereits Vereinbarungen zu Ratenzahlungen gegeben? Wurden familiäre Geldquellen bereits angezapft, Freunde um Unterstützung gebeten? Oder wurde versucht das Thema „auszusitzen"?

5. Der Berater wird versuchen mehr über den Ratsuchenden zu erfahren, über sein Leben, seine Stärken, wie gestaltet sich sein aktuelles Leben? Themen aus dem Berufsleben gehören genauso dazu wie Themen aus dem familiären Umfeld, der eigenen Energie- und Motivationsbereitschaft, um neben der akuten Lösungsthematik auch Ansätze für eine langfristige Veränderung und Lernbereitschaft erkennen zu können.

6. Wie sieht es mit dem Angehen eines Veränderungsprozesses aus? Ist der Ratsuchende motiviert einen solchen Prozess mitzugehen? Eine wesentliche Fragestellung dabei wird sein, warum will der Ratsuchende überhaupt schuldenfrei werden? Dabei wird der Berater erste Informationen austauschen zu einem möglichen Lösungsweg, der Dauer dieses Lösungsweges und einer möglichen Zielsetzung.

7. Schließlich wird ein solches Erstgespräch dahingehend schließen, dass der Berater den Ratsuchenden nach seinen Erwartungen, seinen Wünschen und Zielen fraget. Daraus ergibt sich dann zwangsläufig eine Auftragsklärung für den Berater und eine Aufgabenstellung für den Ratsuchenden. Erschrecken Sie nicht, der Berater wird all diese Themen schriftlich festhalten und protokollieren. Nicht um den Ratsuchenden zu verunsichern, sondern immer wieder die Möglichkeit zu haben auf die Auftragsklärung und die vereinbarten Themen zurückzukommen. Dies ist eine gute und geeignete Maßnahme den Veränderungs- und Klärungsprozess positiv zu beeinflussen.

8. Schließlich ist das Thema Zeit noch von Wichtigkeit, denn von heute auf morgen lassen sich viele Themen halt nicht lösen. Der Berater

kann nicht zaubern. Die zu erbringende Leistung des Beraters ist harte Arbeit mit viel Geduld und Überzeugungsleistung, wie auch ausgesprochen anspruchsvoll gegenüber den bürokratischen Notwendigkeiten. Dies gilt es zu klären und die gegenseitige Motivation über eine lange Zeitstrecke möglichst hoch zu halten.

9. Letztendlich mündet ein solches Erstgespräch immer mit der Willenserklärung - ja, wir wollen zusammenarbeiten und beiderseits unser bestes tun, um den definierten Auftrag bestmöglich zu erledigen.

Ich habe während meiner Ausbildung viele sehr gute Berater kennengelernt, die über ein enormes Sachwissen, Erfahrung und Motivation für Ihren Beruf verfügen. Diesen Menschen kann man sich vorbehaltlos anvertrauen. Es ist an jeder Stelle der gemeinsamen Zusammenarbeit gewährleistet, dass strengste Vertraulichkeit garantiert ist. Aber, der Erfolg einer solchen Zusammenarbeit bedeutet immer gegenseitiges Fordern, Zusagen einhalten und zuverlässig sein, sonst wird es nicht funktionieren.

Der Weg zur Insolvenz

Der Schuldner ist gemäß § 17 Abs. 2 Insolvenzordnung (InsO) zahlungsunfähig, wenn er nicht in der Lage ist, die fälligen Zahlungspflichten zu erfüllen. Zahlungsunfähigkeit ist in der Regel anzunehmen, wenn der Schuldner seine Zahlungen eingestellt hat.

Die Zahlungseinstellung bedeutet, dass das Verhalten des Schuldners nach außen hin in typischer Weise ausdrückt, dass er nicht in der Lage ist, seinen Zahlungsverpflichtungen nachzukommen.

Die Nichtzahlung an einen einzelnen Gläubiger kann hierzu ausreichen, sofern es sich um eine Forderung in nicht unerheblicher Höhe handelt.

Wir haben uns ja ausgiebig mit dem Weg bis hin zur Zahlungsunfähigkeit beschäftigt, die Spirale der Verschuldung diskutiert und stehen jetzt an dem Punkt, der entscheidend sein kann für ein perspektivisches Leben ohne Schulden.

Bis zu diesem Punkt hat der <u>verantwortungsvolle</u> Schuldner möglicherweise vieles versucht, sich mit seinen Gläubigern zu verständigen, hier und da aufgetretene Löcher zu stopfen und sicherlich auch versucht einen Flächenbrand zu vermeiden. Diese Einigungsversuche sind dann gescheitert, wenn es zu keinem tragfähigen Ergebnis mit dem Gläubiger oder den Gläubigern kommt, oder die Sachlage nicht vollständig und unübersichtlich ist. D.h. die Spirale dreht sich noch unaufhaltsam weiter, die Schulden werden mehr und mehr. Verzweiflung nimmt weiter zu und ein Einstellen von Zahlungen ist dann die logische Konsequenz.

Diese Zahlungsunfähigkeit, oder dass diese Zahlungsunfähigkeit bevorsteht ist der einschneidenste Punkt hin zu der Entscheidung Insolvenzverfahren ja oder nein.

An einem solchen Punkt angekommen, ist der Weg zur Schuldenberatung meiner Meinung nach unerlässlich. Spätestens hier benötigen Sie eine Beratung durch einen Experten der mit all seiner Erfahrung prüfen kann, ob der Weg zur Insolvenz unausweichlich ist, oder ob es noch andere Ansätze zu überlegen gibt, seine Schuldenbefreiung anzugehen.

Neben der Einschätzung des Beraters zur aktuellen Situation ist es wichtig, dass eine ausführliche und lückenlose Aktenlage entsteht, auf dieser Basis der Berater letztlich seine Einschätzung fundiert treffen kann. Kommt dieser zu der Überlegung – der Weg zur Insolvenz ist unumgänglich – ist folgendes wichtig und als Eingangsvoraussetzungen notwendig.

Der Antragsteller muss eine „natürliche Person" sein, das heißt eine Privatperson, die nicht einer selbstständigen Tätigkeit nachgeht oder nachgegangen ist. Zu prüfen ist, wenn es in der Vergangenheit eine selbstständige Tätigkeit gegeben hat, gibt es daraus noch Verbindlichkeiten, wie ausstehende Löhne, Steuernachzahlungen oder ähnliches. Dies ist eine der wichtigsten Eingangsvoraussetzung für die private Insolvenz.

Der zweite Punkt, der Beachtung finden muss, es dürfen nicht mehr als 20 Gläubiger vorhanden sein.

Der dritte Punkt, es muss ein außergerichtlicher Einigungsversuch stattgefunden haben, der aber gescheitert ist. Dies muss durch den Schuldnerberater oder einen eingeschalteten Anwalt bescheinigt sein (formeller Akt).

Wie Sie sehen, sind die Hürden für den Beginn eines Insolvenzverfahren hoch und ohne professionelle Hilfe sinnvoll nicht so ohne weiteres zu bewältigen.

Bevor wir weiter ins Detail gehen, hier eine kurze schematische Zusammenstellung an welchem Punkt wir jetzt stehen

Einschaltung der Schuldenberatung

Außergerichtlicher
Einigungsversuch durch Schulden-
beratung/Anwalt
zwingende Vorraussetzung

NICHT Erfolgreich

EXIT

Außergerichtlicher
Einigungsversuch durch Schul-
denberatung/Anwaltzwingende
Vorraussetzung

Erfolgreich

Gerichtlicher Einigungsversuch

Außergerichtlicher
Einigungsversuch durch Schul-
denberatung/Anwalt
zwingende Vorraussetzung

NICHT Erfolgreich

EXIT

Gerichtlicher
Einigungsversuch durch Amtsgericht
zwingende Vorraussetzung

Erfolgreich

Das Schaubild zeigt uns nochmal die bisher angegangenen und versuchten Schritte.

Sie sind in einem Eigenversuch eine Schuldenlösung angegangen. War dieser erfolgreich - Glückwunsch -.

Sie haben eine Regelung mit Ihrem Gläubiger oder den Gläubigern gefunden und arbeiten jetzt Ihren Einigungsplan/Vergleichsplan ab.
Halten Sie sich an diese Vereinbarung und zahlen Sie pünktlich und wie vereinbart Ihre monatlichen Beträge (siehe Schritt EXIT).

Haben Sie keine Einigung erzielen können, haben Sie den Weg zur Schuldnerberatung gefunden und sind mit dem Berater einen neuen Versuch der Einigung angegangen. Dies ist immer anzuraten, hat der Berater doch durch seine Erfahrung und seine Kompetenz in der Beurteilung Ihrer Lage gegebenenfalls eine neue Sichtweise und ein Geschick einen neuen Einigungsversuch zu starten.

Gelingt dieser Versuch, es wird ein Einigungsplan/Vergleichsplan vereinbart, den Sie dann gewissenhaft abarbeiten können.

Gelingt auch dieser Versuch nicht, ist auch der Einigungsversuch über den Schuldnerberater gescheitert.

Nachteile der Privatinsolvenz

An dieser Stelle sollte auch erwähnt werden, dass ein Insolvenz-Verfahren Nachteile nach sich ziehen kann, über die Klarheit bei Ihnen bestehen sollte. Dazu gehört neben der langen Verfahrensdauer vor allem die Tatsache, dass der Arbeitgeber über das Insolvenzverfahren informiert wird. Dies aus dem Grund:

Die Lohnbuchhaltung /Personalabteilung des Arbeitgebers muss den pfändungsfreien Teil des Lohns direkt an den Treuhänder überweisen. Für den Schuldner kann dies möglicherweise berufliche Nachteile und schlechtere Karrierechancen haben.

In das Verfahren der Privatinsolvenz zu gehen, oder gehen zu müssen, ist meist auch mit einem negativen Image versehen, dass es öffentlich wird, dass man ein Schuldenproblem hat.
In diesem Zusammenhang ist auch immer wieder anzumerken, dass das Thema SCHUFA negativ behaftet ist. Hat mein eine „nicht saubere" SCHUFA kann man viele Verträge, Käufe, Abonnements nicht mehr abschließen. Die Privatinsolvenz, sprich dann der Insolvenzverwalter, kündigt alle Kredite, Versicherungen, eingegangene Verträge.

Als Person, die sich im Insolvenzverfahren befindet, wird man öffentlich gemacht. D.h. über Bekanntmachungen auf behördlichen Seiten im Internet, kann man den Stand des Insolvenzverfahrens einsehen

www.insolvenzbekanntmachungen.de

Es wird auch nicht einfacher, einen Wohnungswechsel zu vollziehen. Die meisten Vermieter und Wohnungsverwaltungen wollen von Ihnen eine

Information zur SCHUFA oder zumindest diese Auskunft einsehen wollen. Hier ist grundsätzlich wichtig, auch zur Stabilisierung des eigenen Umfeldes, dass immer zuerst sicher zustellen ist, dass die Grundlagen, wie Wohnung zu haben, sichergestellt ist. Mietrückstände und Energieversorgungsrückstande sind immer an erster Stelle zu regeln und zu zahlen.

Auch wenn eine Privatinsolvenz erfolgreich abgeschlossen ist und die Restschuldbefreiung erteilt wurde, bleibt ein SCHUFA-Eintrag noch drei Jahre bestehen.

Nicht objektiv richtig, aber in vielen Fällen unterschwellig wahrnehmbar, ist die Tatsache, dass Menschen, die in der Insolvenz sind, oftmals eine negative Haltung zum Thema „Einhaltung von Verpflichtungen" unterstellt wird.

In der Privatinsolvenz ist es schwierig einen Anbieterwechsel für Gas, Strom, Telefon oder Pay-TV vorzunehmen.

Während der Privatinsolvenz dürfen Sie keine neuen Schulden machen, bzw. Kredite aufnehmen, bzw. mit Ihrer Bank über die Erweiterung Ihres Dispos zu reden. Dies bedeutet in der Praxis, dass Sie nicht mehr kreditwürdig sind. Selbst eine Kreditaufnahme, wo keine SCHUFA-Auskunft eingeholt wird, sollten Sie unterlassen, um das Insolvenzverfahren nicht zu gefährden.

Für Selbstständige gilt, dass Geschäftsführer-Tätigkeiten nicht mehr möglich sind und Einschränkungen bei einer neuen Selbstständigkeit dann gegeben sind, wenn man z.B. Steuerschulden hat.

Denken Sie immer auch daran, dass ein Insolvenzverfahren Geld kostet, dieses Geld bei Antragstellung nachweislich vorhanden sein muss, oder ein Antrag auf Kostenübernahme gestellt ist. Aber dieses Geld ist dann nur vorgestreckt und muss in der Wohlverhaltensphase zurück gezahlt werden. Ratenkäufe für Konsumgüter, oder Autos und Unterhaltungselektronik sind immer mit dem Insolvenzverwalter abzustimmen, der in der Regel solches Ansinnen aber negativ bescheinigt. Dies gilt selbstverständlich auch für Vertragsabschlüsse die eine monatliche Abbuchung nach sich ziehen. Hiervon

sind Themen wie „Notwendigkeiten für den Haushalt und Haushaltsführung" ausgenommen (Waschmaschine)

Sie haben in allen Themen eine ständige Rechenschaftspflicht gegenüber dem Insolvenzverwalter und Treuhänder im Bezug auf Auskunfts- und Mitwirkungspflicht und Erwerbstätigkeit, wie auch eine Offenlegung sämtlicher Finanzen und auch vertraulicher persönlicher Informationen.

Sie sehen, die persönlichen Einschränkungen sind schon gravierend und aus diesem Grund will es wohl überlegt sein, den Gang durch die Privatinsolvenz an zutreten.

Hilfen zur Selbsthilfe

Sie kennen unser Prinzip - die INOPS-Solutions-Problemlösung.

Diese Philosophie basiert ja im Wesentlichen auf den grundsätzlichen Überlegungen - Du kannst Dir auch selbst helfen -.

Dieses Grundprinzip ist nichts anderes, als ein strukturiertes Vorgehen anzuwenden und sich einen Überblick über die eigene Situation zu verschaffen. Darauf aufbauend und mit Hilfe von Anleitungen und Hilfsmitteln den Versuch zu unternehmen, für seine eigene Situation eine Lösung zu finden und Strukturen so wie Verhaltensänderungen zu erlernen, die ein zukünftiges schuldenfreies Leben ermöglichen.

Daran glauben wir und haben dies auch in verschiedenen Fällen durchgearbeitet und dieses Vorgehen und die entsprechende Systematik erprobt.

Aus diesem Grund auch an dieser Stelle, bevor das Prozedere einer Insolvenz abläuft und mit professioneller Hilfe begonnen wird, ein Angebot an Hilfsmitteln, dass Ihnen bei dem Thema Zahlungsunfähigkeit und besonders in der Phase 1 – dem Eigenversuch der Schuldenbereinigung (siehe Schaubild 1) weiterhelfen kann.

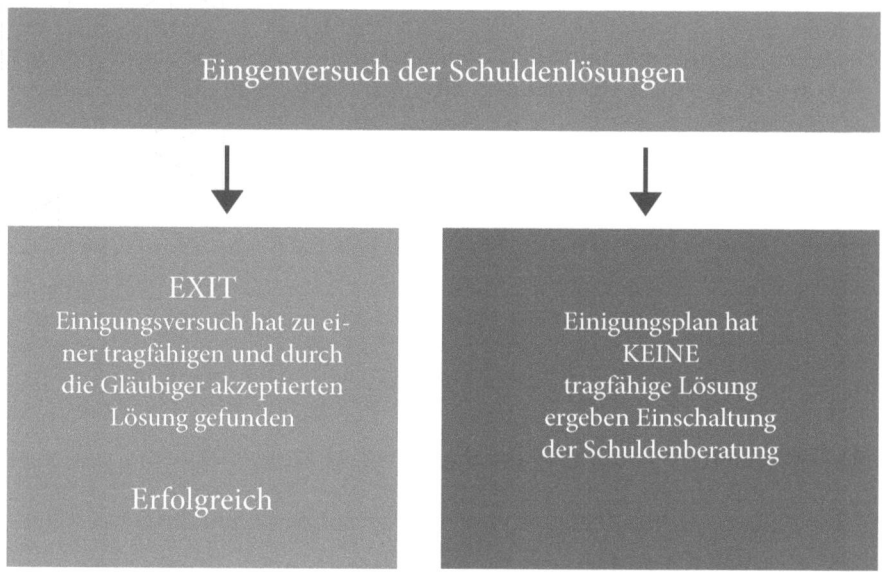

 Hilfsmittel 1 : Anforderung einer Forderungsaufstellung

Es ist wichtig, dass Sie eine aktuelle und endgültige Aufstellung aller Forderungen von Ihren Gläubigern wissen und sicher sind, dass hier nichts mehr hinzukommt.

Aus diesem Grunde können Sie mit dem Hilfsmittel 1 Ihre Gläubiger anschreiben und um Klarheit bitten, was seine Forderungen betrifft. Es kann hierbei nicht unwichtig sein, nach einer Detailauskunft dieser Forderungen zu bitten und eine Aufschlüsselung zu erfragen (Hauptforderung, Kosten/Gebühren, Zinsen) um prüfen zu können, ob möglicherweise eine Verjährung festzustellen ist, oder ein Titel besteht für eventuelle Pfändungen oder Abtretungen.

Dieses Schreiben sollten Sie an alle Gläubiger versenden, um daraus dann anschließend entsprechende Rückschlüsse und eine Zusammenstellung zu ziehen und zu erstellen. Dies ist auch wichtig für alle weiteren Schritte, die unabhängig von Ihrem Erfolg in dieser Phase, anschließend gemacht werden müssen.

 ## Hilfsmittel 2 : Verjährung einer Forderung

Wie wir bei der Systematik der Anwendung und der Analyse mit Hilfsmittel 1 gesehen haben, lässt sich sehr schnell erkennen, welche Kosten bereits verjährt sind und damit nicht mehr für einen Zahlungsplan infrage kommen. Mit diesem Hilfsmittel/Musterschreiben informieren Sie den Gläubiger, dass seine Forderung bereits verjährt ist. In der Regel verjähren Forderungen nach drei Jahren, wenn es keine Unterbrechungen in dieser Zeit gegeben hat.

 ## Hilfsmittel 3 : Antrag auf Erlass von Säumniszuschlägen

Dieses Musterschreiben ermöglicht es Ihnen, weiteres Anhäufen von Schulden zu vermeiden und den Gläubiger zu bitten weitere Kosten für Sie zu vermeiden. Diese Art der Kommunikation ist darüber hinaus wichtig, um auch dem Gläubiger zu demonstrieren - Sie kümmern sich und Sie sind aktiv an einer Lösung interessiert- Säumniszuschläge sind eine Art Gemeinkosten,

die unteranderem Inkassobüros für Ihre Tätigkeit erheben.

Hilfsmittel 4 : Zahlungsplan an gleichrangige Gläubiger

Mit diesem Schreiben formulieren Sie an einen Gläubiger, was Sie maximal monatlich zahlen können, um Ihre Schulden in Ratenzahlungen zu begleichen. Dies ist sinnvoll in der Phase 1 „Eigenversuch der Schuldenlösung" zu tun. Sie können dies nutzen für einen oder mehrere Gläubiger und Sie beziehen sich immer auf den Betrag der über Ihrem pfändbaren Einkommen zum Abtrag von Schulden zur Verfügung steht.

Hilfsmittel 5 : Zahlungsplan an einen Gläubiger

Dieses Schreiben ist die vereinfachte ‚Ausführung des Hilfsmittels 4, da es sich nur um einen Gläubiger handelt. Der Sachverhalt und der Zeitpunkt der bestmöglichen Verwendung ist gleich wie Hilfsmittel 4

Hilfsmittel 6 : Vergleichsvorschlag

Während der Phase 1 verschaffen Sie sich ja einen Überblick über Ihre Schulden, Sie haben sich vergewissert, dass Sie alle Gläubiger kennen und das Ihnen die ausstehenden Beträge/Schulden bekannt sind. Auf dieser Basis können Sie jetzt einen Vergleichsvorschlag formulieren. Dieser Vorschlag sollte realistisch sein und die tatsächlichen Möglichkeiten einer kontinuierlichen Rückzahlung wiederspiegeln.

Achten Sie darauf, dass all diese Vorschläge zur Schuldentilgung Beträge darstellen, die über der Pfändungsfreigrenze liegen müssen. In der Regel ergibt sich dadurch ein Betrag, der selten ausreicht, um einen Vorschlag zur Akzeptanz zu bringen.

Hilfsmittel 7 : Vergleichsvorschlag im Sinne des Verbraucherinsolvenzverfahren

Im Wesentlichen handelt es sich bei dieser Vorgehensweise um das Angebot eines einmaligen Ausgleiches einer Forderung mit entsprechender Verzichtserklärung auf den Rest der Forderung. Dies ist in der Regel dann erfolgreich, wenn eine Forderung so gering ist, dass sich eine Ratenzahlung nicht lohnt. Dieses Schreiben sollten Sie bei entsprechender Akzeptanz zweifach erstellen und sich ein Exemplar mit der Einverständniserklärung unterzeichnet zurückschicken lassen.

Hilfsmittel 8 : Muster einer Verzichtserklärung

Mit Ihrem Vergleichsvorschlag schicken Sie den Gläubigern direkt einen Vorschlag einer Verzichtserklärung. Mit dieser Verzichtserklärung wird durch Unterschriften die Annahme des Vergleichs dokumentiert.

Hilfsmittel 9 : Antrag auf Heraufsetzung der Pfändungsgrenze

Wenn bestimmte Voraussetzungen gegeben sind, kann eine Heraufsetzung der Pfändungsgrenze beantragt werden. Ist bereits die Pfändungsgrenze bei

Lohn und Gehalt erreicht, kann mit diesem Antrag eine Erhöhung erfolgen, wenn zum Beispiel Unterhaltsverpflichtungen vorliegen, oder nachweislich höhere Aufwendungen für das tägliche Leben, oder Änderungen des Familienstatus existieren.

 ## Hilfsmittel 10 : Auszahlung des unpfändbaren Einkommens an die Bank

Wenn an Sie ein unpfändbarer Anteil Ihres Gehaltes an die Bank überwiesen wird und die Bank möglicherweise darauf Zugriff nehmen möchte, weil mit der Bank noch Schulden zu verrechnen sind, ist dies nicht statthaft. Die Bank muss in einem solchen Fall diesen unpfändbaren Einkommensanteil trotz eigener Ansprüche an Sie auszahlen. Sollte sie dennoch so verfahren, nutzen Sie bitte das Musterschreiben.

Denken Sie bitte daran, dass diese Hilfsmittel immer individuell anzupassen sind und sich daraus keinerlei Rechtsberatung darstellt. Es ist selbstsagend, dass für die Anwendung dieser Musterschreiben keinerlei Haftung übernommen werden kann. Die Verwendung ist ausschließlich Ihr eigenes Risiko.

Diese Hilfsmittel können Sie schnell und einfach über unseren Onlineshop www.inops-solutions.de oder www.was-tun.tv kaufen und sofort herunterladen.

Allgemeines zum Thema Privatinsolvenz

Das Insolvenzverfahren dient der allgemeinen Befriedigung aller Gläubiger durch Anwendung eines geregelten und gesetzlich verankerten Ablaufs, sowie der Verwertung und Verteilung der erzielten Erlöse. Jede Forderung, das heißt alle Gläubiger und damit alle Schulden nehmen an diesem Verfahren teil und müssen dementsprechend auch bekannt sein und angegeben sein. Dabei ist es wichtig zu wissen, dass private Zahlungen aus dem unpfändbaren Teil Ihres Einkommens sowohl im Insolvenzverfahren, als auch in der anschließenden Wohlverhaltensperiode zulässig sind.

In vier Schritten durch die Privatinsolvenz

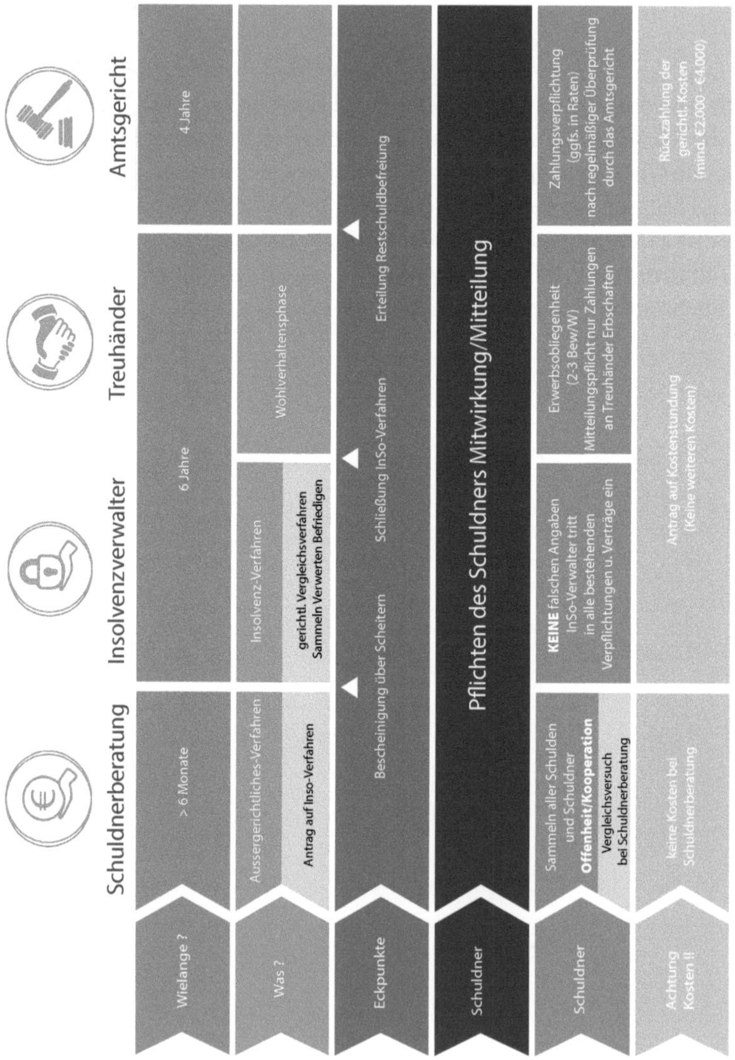

	Schuldnerberatung	Insolvenzverwalter	Treuhänder	Amtsgericht
Wielange?	> 6 Monate	6 Jahre		4 Jahre
Was?	Aussergerichtliches-Verfahren / Antrag auf Inso-Verfahren	Insolvenz-Verfahren / gerichtl. Vergleichsverfahren Sammeln Verwerten Befriedigen	Wohlverhaltensphase	
Eckpunkte	Bescheinigung über Scheitern	Schließung InSo-Verfahren	Erteilung Restschuldbefreiung	
Schuldner	Pflichten des Schuldners Mitwirkung/Mitteilung			
Schuldner	Sammeln aller Schulden und Schuldner / **Offenheit/Kooperation** Vergleichsversuch bei Schuldnerberatung	**KEINE** falschen Angaben InSo-Verwalter tritt in alle bestehenden Verpflichtungen u. Verträge ein	Erwerbsobliegenheit (2-3 Bew/W) Mitteilungspflicht nur Zahlungen an Treuhänder Erbschaften	Zahlungsverpflichtung (ggfs. in Raten) nach regelmäßiger Überprüfung durch das Amtsgericht
Achtung Kosten!!	keine Kosten bei Schuldnerberatung	Antrag auf Kostenstundung (Keine weiteren Kosten)		Rückzahlung der gerichtl. Kosten (mind. €1.000 - €4.000)

WAS TUN!?

Dieses Schaubild gibt Ihnen den Gesamtüberblick über das Insolvenzverfahren und beschreibt neben Rechten und Pflichten auch zeitliche Abhängigkeiten und Instanzen, die an diesem Verfahren beteiligt sind.

Um Ihnen ggf. eine anfängliche Angst zu nehmen – es sieht unübersichtlicher aus, als es sich tatsächlich darstellt.

Der Gang durch ein solches Verfahren setzt aber Disziplin, Zuverlässigkeit und Einhalten von getroffenen Vereinbarungen zwingend voraus.

Berufliche Tätigkeit und ein sicherer Arbeitsplatz sind vorteilhaft und dürfen während des Verfahrens auch nicht leichtfertig aufs Spiel gesetzt werden.

Der Erfolg dieses Verfahrens ist die Restschuldbefreiung nach ca. 6 Jahren oder ggf. auch kürzer. Diese Restschuldbefreiung sollten Sie nicht leichtfertig, über die doch relativ lange Zeitdauer, in Frage stellen.

Das Verfahren an sich ist sehr formalistisch und bürokratisch. Aus diesem Grund ist es unabdingbar, dass Sie Ihre Unterlagen kennen, vollständig zur Verfügung haben und lückenlos alle notwendigen Anträge ausfüllen können. Es empfiehlt sich immer Ordnung in seinen Unterlagen zu haben.

Wir gehen jetzt in den nächsten Kapiteln Schritt für Schritt durch dieses Verfahren und Sie lernen, wie man was macht und auf welche Themen im wesentlich strikt zu achten ist.

12SCHRITT 1: DER WEG ZUR SCHULDNERBERATUNG ODER EINES FACHANWALTS

Schuldnerberatung

Wielange ?	6 Monate
Was ?	Aussergerichtliches-Verfahren gerichtl. Vergleichsverfahren
Eckpunkte	Bescheinigung über Scheitern
Schuldner	Pflichten des Schuldners Mitwirkung/Mitteilung
Schuldner	Sammeln aller Schulden und Schuldner Offenheit/Kooperation Vergleichsversuch bei Schuldnerberatung
Achtung Kosten !!	keine Kosten bei Schuldnerberatung

Vor Eintritt in das Privatinsolvenzverfahren ist es wichtig die ver-

schiedensten Aspekte auf Durchführbarkeit und erfolgreichen Abschluss eines solchen Verfahrens objektiv und sorgfältig zu analysieren und vor allem dafür zu sorgen, dass ALLE notwendigen Unterlagen zu einer solchen Beurteilung vorhanden sind. Dabei hilft ein strukturiertes Vorgehen und ein Übertrag von relevanten Daten in übersichtliche Unterlagen, mit denen gearbeitet werden kann.

Bevor die Entscheidung für den Antrag auf die Eröffnung eines Insolvenzverfahrens gestellt wird, sind wesentliche Beratungsleistungen erforderlich, mit denen wir uns jetzt beschäftigen wollen. Diese Beratungsleistung erbringt qualitativ hochwertig ein Schuldenberater oder selbstverständlich auch ein Fachanwalt.

Die nun folgenden Punkte sind mit dem Berater zu erörtern, um daraus die Sinnhaftigkeit eines Antrages auf Eröffnung des Insolvenz-Verfahrens stellen zu können.

Außergerichtliches Einigungsverfahren

Der außergerichtliche Einigungsversuch ist zwingende Voraussetzung vor der Antragsstellung des Insolvenzverfahrens. Wichtig auch hier, ist die Erfassung ALLER Gläubiger mit den relevanten Schulden. Diese Basisarbeit bildet die Voraussetzung für einen Vorschlag, der den Gläubigern unterbreitet werden soll, zur Abgeltung der gesamten Schulden.
Es ist in dieser Phase bereits sinnvoll, sich an die Vorschriften des Verbrau-

cherinsolvenzverfahren anzulehnen. Dies bedeutet, dass man immer zuerst sich die eigene Einkommensstruktur anschaut mit einer Prognose über die nächsten fünf Jahre und die Anteile des pfändbaren und des unpfändbaren Einkommens berechnet.

Grundlage des außergerichtlichen Einigungsversuches ist dann der Gehaltsteil des pfändbaren Einkommens plus eventuelle Gelderträge aus Kapitalanlagen, Lebensversicherungen, Bausparverträgen, Sparguthaben oder sonstigem zu realisierendem Vermögen, welches an die Gläubiger mit der Absicht über 5 Jahre zuverlässig und sicher gezahlt werden könnte.

Diese Möglichkeit einer Schuldenbereinigung, die ab 2014 gegeben ist, hat den großen Vorteil, dass keinerlei Gerichts- und Verfahrenskosten anfallen. Praktisch sieht ein solcher Vorschlag folgendermaßen aus:

Die erfassten Schulden bilden 100% der Gesamtdarstellung. Diese Gesamtdarstellung setzt sich zusammen aus dem prozentualen Anteil der Einzelgläubiger.

Beispiel :
Sie haben € 15.000 Gesamtschulden und dies bei fünf Gläubigern.

Entwicklung eines außergerichtlichen Einigungsverfahrens

Gesamtschulden	15.000	100%
1.Gläubiger	7000	47%
2.Gläubiger	4000	27%
3.Gläubiger	2500	17%
4.Gläubiger	1000	7%
5.Gläubiger	500	2%

Angenommen, Sie haben ein monatliches unpfändbares Einkommen von
€ 500, dann würde sich anbieten diese € 500 entsprechend der Anteile der
Gläubiger an der Gesamtschuld anzubieten.

Entwicklung eines außergerichtlichen Einigungsverfahrens			
			mntl. pfändbares EK
	€	%	€
Gesamtschulden	15.000	100%	500
1.Gläubiger	7000	47%	235
2.Gläubiger	4000	27%	135
3.Gläubiger	2500	17%	85

Wollen Sie dies über den Zeitraum von 5 Jahren anbieten, was in Anlehnung
an das Verbraucherinsolvenzverfahren minimal möglich ist, würde sich ein
Gesamtangebot Ihrerseits wie folgt darstellen.

Entwicklung eines außergerichtlichen Einigungsverfahrens			mntl. pfändbares EK	5 Jahre regelmäßige Zahlung
	€	%	€	€
Gesamtschulden	15.000	100%	500	2500
1.Gläubiger	7000	47%	235	1175
2.Gläubiger	4000	27%	135	675
3.Gläubiger	2500	17%	85	425
4.Gläubiger	1000	7%	35	175
5.Gläubiger	500	2&	10	50

Hätten Sie noch verwertbares Vermögen aus Kapitalvermögen, Lebensversicherungen, oder ähnliches anzubieten, würde sich darüber hinaus eine Einmalzahlung zusätzlich anbieten, die sich dann auch prozentual nach dem Gläubigeranteil richten würde.

Entwicklung eines außergerichtlichen Einigungsverfahrens			mntl. pfändbares EK	sonstige Geldmittel
	€	%	€	€
Gesamtschulden	15.000	100%	500	3500 Einmalig
1.Gläubiger	7000	47%	235	1645
2.Gläubiger	4000	27%	135	945
3.Gläubiger	2500	17%	85	595
4.Gläubiger	1000	7%	35	245
5.Gläubiger	500	2&	10	70

Dies wäre eine Grundstruktur eines außergerichtlichen Einigungsversuches. Ein solcher Vergleichsvorschlag, der den beteiligten und allen Gläubigern zu unterbreiten wäre, muss aber nicht den Grundsätzen des Verbraucherinsolvenzverfahrens entsprechen. Der Anbieter, sprich Schuldner, ist hier vollkommen frei. Er kann auch einen NULL-Vergleichsvorschlag machen, d.h. er bietet den Gläubigern gar nichts an. Die Spannbreite ist also groß und sollte dennoch realistisch sein.

Es ist bei einem solchen außergerichtlichen Verfahren zwingend, dass ein solcher Vergleich von einer geeigneten Stelle begleitet wird, sei es die Schuldenberatung oder ein Fachanwalt. Dies ist nicht nur sinnvoll um ein plausibles Angebot zu erstellen, sondern die unterstützende Institution hat sich auch im Vorfeld dieses Vorschlages mit der Gesamtsituation vertraut gemacht und alle Möglichkeiten und Notwendigkeiten gewissenhaft geprüft, denn die geeignete Stelle hat mit ihrer Erfahrung sich den notwendigen Überblick

verschafft und sichergestellt, dass keine Fehler begangen wurden, wie zum Beispiel einen Gläubiger vergessen zu haben, oder Schulden nicht richtig erfasst zu haben.

Dieser Prozessschritt geht aber auch einher mit einer ersten Analyse der Gesamtschuldensituation und einem Überblick über das Erkennen einer wirtschaftlichen Situation des Schuldners und einer Analyse der Schuldenursache.

Diese Analyse muss dann die Grundlage für den außergerichtlichen Vergleich darstellen und vor allem muss sie realistisch sein.

Ist dieser Vergleich formuliert, wird er an alle Gläubiger versendet. Die Annahme eines solchen Vergleichs erfordert die Zustimmung ALLER Gläubiger. Selbst wenn sich ein Gläubiger nicht meldet, gilt dies nicht automatisch als Zustimmung.

Der Schuldner ist in dieser Phase gut beraten, einen geeigneten „Verhandlungsführer" an seiner Seite zu wissen. Dieser Verhandlungsführer, hat das notwendige Detailwissen, ggf. ein örtliches Wissen über lokale Gegebenheiten und Zusammenhänge und ist gewohnt solche Verhandlungen zu führen. Also nutzen Sie einen solchen Partner. Auch an dieser Stelle nochmal den Hinweis, das Einschalten einer öffentlichen Schuldenberatungsstelle ist kostenlos, wo hingegen jede andere Unterstützung Geld kostet!

Im positiven Fall, wird dieser von Ihnen entwickelte Vergleich von Ihren Gläubigern angenommen und ist damit auch zivilrechtlich bindend, wenigstens so lange, wie Sie diesen Vergleich bedienen und bis zum Schluss erfüllen. Brechen Sie unterwegs ab, stehen Sie vor den gleichen Themen, wie vor dem Vergleich und das Einschalten und Wiederbeleben von Mahnverfahren und oder Gerichtsvollziehern ist zwangsläufig.

Haben Sie aber auch im Gedächtnis, dass eine solche Annahme eines Vergleiches zwingend alle Gläubiger erfasst haben muss. Sollten Sie einen Gläubiger vergessen haben, hat dieser natürlich weiterhin alle Möglichkeiten zu seinem Geld zu kommen.

Das außergerichtliche Einigungsverfahren wurde für die Entlastung der Gerichte vorgesehen, obwohl über diesen Weg lediglich etwa 10% von Vergleichen realisiert wurden. Allerdings ist nach wie vor zwingend, dass dieses Verfahren durchlaufen werden muss vor Eröffnung eines Insolvenzverfahrens.
Darüberhinaus ist ebenso zwingend, dass bei Scheitern dieses Verfahrens eine qualifizierte Abschlussbescheinigung durch eine geeignete Person oder Stelle erfolgen muss.

Diese Bescheinigung ist für die Antragsstellung des Insolvenzverfahrens zwingend. Sie bescheinigt, dass trotz allem Bemühen und auf Grundlage einer persönlichen Beratung eine außergerichtliche Einigung mit den Gläubigern innerhalb der letzten 6 Monate vor Eröffnungsantrag nicht möglich war.

Zusammenfassend kann zu dem außergerichtlichen Schuldenbereinigungsverfahren folgendes festgehalten werden:

Sie können als Angebot

–   Ihr pfändbares Einkommen der nächsten 5 Jahre anbieten

–   Aber auch weniger oder mehr als fünf Jahre (hier sind Sie frei)

–   Dies in Raten oder als Einmalzahlung

–   Jeder Gläubiger bekommt den gleichen Betrag oder eine Quote (%-Satz), abhängig von seiner Forderung

- Alle Gläubiger müssen bekannt sein und in diese Regelung mit einbezogen werden
- Sie sollten nicht einen Plan machen der Null beinhaltet

- Aber Sie können einen flexiblen Nullplan erstellen

- Sie können vereinbaren, dass wenn nach 3 Jahren eine Bezahlung der vereinbarten Beträge von 35% erreicht ist, dass der Vergleich damit vorzeitig endet

- Sie können den Gläubigern anbieten, dass wenn es zu einem Erbfall kommt, die Gläubiger, wie im § 295 Abs.1 Nr.2 InsO beschrieben, dieses Erbe zu Hälfte an die Gläubiger geht

- Sie können die Aussetzung aller Zwangsmaßnahmen und Vollstreckungsmaßnahmen vereinbaren

- Nach fünf Jahren verzichten die Gläubiger auf alle dann noch ausstehenden Zahlungen

Die Annahme eines außergerichtlichen Schuldenbereinigungsverfahren ist durch alle Gläubiger erforderlich und so auch zu vereinbaren.

IWas?
IWielange?
ISchuldnerberatung

Erläuterung
der Verfahrensstruktur

An dieser Stelle, bevor wir weitergehen im Insolvenzverfahren, wollen wir uns die Struktur dieses Verfahrens anschauen, um Ihnen auch nochmal zu verdeutlichen, dass dieses Verfahren nicht trivial, sondern anspruchsvoll und von Disziplin geprägt sein wird. Dies beginnt aber erst, wenn der gerichtliche Einigungsversuch gescheitert ist. Dazu aber später mehr.

– Die gerichtliche Zuständigkeit für das Verfahren an sich und die Beantragung regelt das zuständige Amtsgericht und somit das Insolvenzgericht. Sie müssen sich daher kundig machen, welches Amtsgericht für Ihren Wohnsitz zuständig ist. Ein anderes Amtsgericht, als das über Ihre Adresse zuständige kann nicht beauftragt werden.

– Die Eröffnung eines Insolvenzverfahrens wirkt wie eine „Besitzergreifung" Ihres Vermögens und Ihrer Verpflichtungen. Anschaulich lässt sich dies gut mit einer Pfändung durch das Gericht vergleichen. Sie bestimmen ab diesem Zeitpunkt nicht mehr alleine über den weiteren Verlauf.

– Nach einer Eröffnung des Insolvenzverfahrens sind keine neuen Einzelvollstreckungsmaßnahmen mehr möglich sind.

– Das Insolvenzverfahren ist ein rein schriftliches Verfahren, eine persönliche Präsenz beim Amtsgericht zu diesem Verfahren ist nicht notwendig.

– Ein wesentlicher Bestandteil des Verfahrens ist, dass für die Dauer des Verfahrens, also 6 Jahre, Ihr pfändbares Einkommen ab dem Zeitpunkt der Eröffnung, dem Insolvenzverwalter zur Verfügung steht und abzutreten ist.

– Das Gericht bestellt einen Insolvenzverwalter und anschließend einen Treuhänder

– Damit verfügt der Insolvenzverwalter alleine über das beschlagnahmte Vermögen sowie über alle Vermögenszu- und abflüsse während der Dauer des Verfahrens.

– Der Insolvenzverwalter vereinbart nach Eröffnung einen Termin mit dem Schuldner, um sich einen Überblick über die persönliche und wirtschaftliche Situation zu machen. Danach fordert er die Gläubiger zur Anmeldung Ihrer Forderungen auf und erstellt auf dieser Basis die Insolvenztabelle. Die Insolvenztabelle ist dann Grundlabe für eine Verteilungssumme und Grundlage für einen Verteilungsschlüssel. Die Verteilungssumme ergibt sich aus dem verwertbaren Vermögen und den pfändbaren Einkünften. Dabei wird der Insolvenzverwalter sich alle bestehenden Verträge anschauen, diese gegebenenfalls kündigen. Er schaut auch in die Vergangenheit, um sicher zustellen, dass keine Transaktionen gesetzwidriger Natur vor dem Insolvenzverfahren getätigt wurden. Das verwertbare Vermögen, welches den Gläubigern in Summe dann angeboten wird, verringert sich um die Kosten des Insolvenzverwalters. Es wird in jeder Phase des Verfahrens sicher gestellt, dass die Kosten des Insolvenzverwalters und des Gerichtes immer gedeckt sind.

– Regelmäßig erfolgen Berichts- und Prüfungstermine die seitens des Gerichtes festgelegt werden.

– In der Regel dauert das Insolvenzverfahrens ca. 2 Jahre, danach erfolgt

der gerichtliche Schlusstermin verbunden mit der Verfahrensaufhebung. Danach startet die Wohlverhaltensperiode, die bis zum Ende des Verfahrens dauert.

–   Ergeben sich in der Wohlverhaltensperiode Geldzuflüsse und Vermögenszuflüsse, sind diese dem Vermögensverwalter zu melden. Wichtig zu wissen ist zum Beispiel, dass Erbschaften in der Wohlverhaltensphase zur Hälfte an den Treuhänder abzutreten sind. Diese Zuflüsse werde dann entsprechend den Festlegungen der Insolvenztabelle anteilig auf die Gläubiger verteilt.

–   Ergeben sich während des Verfahrens Aspekte einer Verfahrenskürzung (Erreichen der 35 %-Verteilerquote und Kostendeckung der Gebühren für Verwalter und Gericht) kann ein Antrag auf Kürzung gestellt werden.

–   Auch nach Abschluss des Insolvenzverfahrens bleibt die Restschuld bestehen. Sie wandelt sich dabei zu einer unvollkommenen Forderung.

–   So, dass war jetzt ein Überblick über das gesamte Verfahren. In den nun folgenden Kapiteln werden wir genau diese Schritte uns gemeinsam näher betrachten und erläutern.

1.   Informationen zum Schuldner selbst

War der Schuldner in der Vergangenheit selbstständig?

–   Wenn ja und es bestehen möglicherweise noch Schulden aus ehemaligen Arbeitnehmer-Verhältnissen kann eine Privatinsolvenz nicht durchgeführt werden.

- Das gleiche gilt, wenn mehr als 20 Gläubiger vorhanden sind

- In diesen Fällen kann das Privatinsolvenz-Verfahren nicht angewendet werden, sondern das Regelinsolvenzverfahren, was nicht Gegenstand der Ausführungen dieses Buches ist

Besteht ein vollständiger Überblick über ALLE Verbindlichkeiten?

- Sind alle Forderungen überprüft worden

- Es ist zu prüfen, ob Verjährungen noch geltend gemacht werden können

- Es ist zu prüfen, ob strittige oder ungerechtfertigte Forderungen vorliegen

Es ist zu prüfen, ob Forderungen aus vorsätzlicher oder unerlaubter Handlung vorliegen. Dies ist wichtig, um den Erfolg des Verfahrens grundsätzlich sicherzustellen. Unerlaubte Handlungen oder Vorsatz sind zum Beispiel Vertragsabschlüsse mit betrügerischer Absicht. Es wurden Verträge abgeschlossen, obwohl klar war, dass kein Geld vorhanden ist.

Die Vollständigkeit der Unterlagen ist zu prüfen

- Aktuelle SCHUFA-Auskunft muss vorliegen

- Sind Zwangsvollstreckungsaufträge vorhanden (Auskunft beim zuständigen Gerichtsvollzieher)

- Sind alle Schubladen und Kartons nach fehlenden Unterlagen durchsucht worden

– Wurde eine Eidesstattliche Versicherung abgegeben

– Wurde eine Vermögensauskunft erstellt

– Liegen Anträge auf Zwangsvollstreckung beim Arbeitgeber oder konto-
führendem Institut vor (Pfändungs- , Überweisungsbeschlüsse, Abtretungen)

Welche Themen sind vorab noch relevant?

– Unterhaltsfragen, Sind solche ungeklärt, laufen aktuelle Rückstände

– Bestehen selbst Unterhaltsansprüche, sind diese ggf. offen

– Sind Themen aus dem persönlichen Umfeld relevant vorab geklärt werden zu müssen, wie Krankheit/Sucht, soziale Probleme, etc.

– Besteht ein P-Konto

2.   Prüfung auf Zulässigkeit eines Antrages (§287a InsO)

– Sind bereits Anträge auf Eröffnung eines Privatinsolvenzverfahrens
gestellt worden

– Wurde bereits eine Restschuldbefreiung versagt

Ein neuer Antrag wäre wieder zulässig, wenn dem Schuldner in den
letzten 10 Jahren vor dem neuen Antrag eine Restschuldbefreiung erteilt
wurde, oder in den letzten 5 Jahren vor neuem Antrag die Restschuldbe-

freiung wegen einer Insolvenzstraftat versagt wurden,

oder

dem Schuldner in den letzten 3 Jahren vor neuem Antrag oder auch danach die Restschuldbefreiung wegen Verletzung der Mitwirkungspflicht oder Verstöße innerhalb der Wohlverhaltensphase oder wegen besonderer Gründe nach dem Schlusstermin versagt wurde.

Diese Gründe sind alle in der InsO § 290 beschrieben

– Ist sichergestellt, dass Geld für die Verfahrenskosten vorhanden ist, oder ein entsprechender Antrag auf Kostenübernahme beim Amtsgericht gestellt ist

IWas?
IWielange?
ISchuldnerberatung

Eröffnung
des Insolvenzverfahrens

Das gerichtliche Einigungsverfahren ist gescheitert. Es folgt jetzt konsequenterweise die Antragstellung für das Verbraucherinsolvenzverfahren.

Voraussetzungen für die Antragstellung sind noch einmal zusammengefasst:

- Die Erstellung des formgebundenen Antrags
- Das Bescheinigen des außergerichtlichen Einigungsversuches
- Der Eröffnungsgrund muss vorliegen, nämlich die Zahlungsunfähigkeit, oder die drohende Zahlungsunfähigkeit
- Die Zulässigkeit des Antrages, die vom Gericht zu prüfen ist (§ 287a InoS)

Mit Hilfe Ihres Schuldenberaters oder Ihres Fachanwaltes wird nun der Antrag ausgefüllt. Dieser Antrag ist mit größter Sorgfalt auszufüllen, weil das

Gericht sehr gründlich die Form prüft und bei eventuellen Formfehlern, den Antrag zurückweist mit der Bitte um Nachbesserung. So dürfen zum Beispiel keine Adressen mit Postfach angegeben werden.

Das Formular heißt:

„Formular für das Verbraucherinsolvenzverfahren und das Restschuldbereinigungsverfahren" - Amtliche Fassung 7/2014 –

Das vielseitige Werk besteht aus folgenden Teilen:

1. Antrag auf Eröffnung des Insolvenzverfahrens (§305 InsO) des/der

In diesem ersten Teil werden im Wesentlichen die Personalien erfasst, die Antragsstellung an sich formuliert, aber auch schon die Restschuldbefreiung beantragt. Dies ist immer wichtig, da ansonsten eigentlich das Durchlaufen des Verfahrens nicht zielführend ist, wenn am Ende der Schuldenerlass nicht gegeben ist. Sie versichern ebenso, dass Sie eine Auskunfts- und Mitwirkungspflicht haben und alle Angaben natürlich der Richtigkeit und Vollständigkeit entsprechen.

2. Anlage 1 Personalbogen : Angaben zur Person

Hier werden die wichtigsten persönlichen Angaben gemacht, aber auch Angaben zu unterhaltsberechtigten Personen, sowie Angaben ob Sie selbstständig waren. Darüber hinaus Angaben wer die Verfahrensbevollmächtigung für Sie ausübt

3.   Anlage 2 Bescheinigung über das Scheitern des außergerichtlichen Einigungsversuchs

Diese Bescheinigung haben Sie ja bereits von Ihrem Schuldnerberater erhalten, mit dem Sie zusammen das außergerichtliche Einigungsverfahren durchgeführt haben. Die bescheinigende Person muss diese Anlage auch unterschreiben.

4.   Anlage 2A Gründe für das Scheitern des außergerichtlichen Schuldenbereinigungsplans

Hier ist kurz auszuführen, warum der außergerichtliche Einigungsversuch gescheitert ist, sowie eine Beurteilung vorzunehmen, ob ein gerichtlicher Einigungsversuch nochmal eine Chance auf Erfolg hat

5.   Anlage 3 Abtretungserklärung nach § 287 Abs. 2 InsO

Hier wird nochmal sichergestellt, dass die Gründe für den Antrag gegeben sind und keinerlei, wie im § 287 Abs. 2 erwähnten Gründe zu einer Ablehnung führen

6.   Anlage 4 Vermögensübersicht

Hier bitte größte Sorgfalt walten lassen, denn hier ist wirklich alles anzugeben, was Sie verdienen, besitzen und als Vermögen haben. Aber auch Angaben zu sonstigen Lebensunterhalt und regelmäßigen Zahlungsverpflichtungen

7.   Anlage 5 Vermögensverzeichnis

Hier wählen Sie, welche weiteren Anlagen Sie für die Erläuterung zu Ihrem Vermögen ausfüllen wollen/müssen

Ergänzungsblatt 5 A zum Vermögensverzeichnis

- Guthaben auf Konten
- Wertpapiere
- Schuldbuchforderungen
- Darlehnsforderungen

Ergänzungsblatt 5 B zum Vermögensverzeichnis

- Hausrat
- Mobiliar
- Wertgegenstände
- Fahrzeuge

Ergänzungsblatt 5 C zum Vermögensverzeichnis

- Forderungen (z.B. aus Versicherungsverträgen)
- Rechte aus Erbfällen

Ergänzungsblatt 5 D zum Vermögensverzeichnis

- Grundstücke
- Eigentumswohnungen
- Erbbaurechte
- Rechte an Grundstücken

Ergänzungsblatt 5 E zum Vermögensverzeichnis

- Beteiligungen (Aktien, Genussrechte, sonstige Beteiligungen)

Ergänzungsblatt 5 F zum Vermögensverzeichnis

- Immaterielle Vermögensgegenstände und sonstiges Vermögen

Ergänzungsblatt 5 G zum Vermögensverzeichnis

- Laufendes Einkommen

Ergänzungsblatt 5 H zum Vermögensverzeichnis

- Sicherungsrechte Dritter und Zwangsvollstreckungsmaßnahmen

Ergänzungsblatt 5 J zum Vermögensverzeichnis

- Regelmäßig wiederkehrende Verpflichtungen

Ergänzungsblatt 5 K zum Vermögensverzeichnis

- Schenkungen und entgeltliche Veräußerungen

1.   Anlage 6 Gläubiger- und Forderungsverzeichnis

Hier macht sich jetzt Ihre Vorarbeit dankend bemerkbar, denn Sie müssen jetzt ALLE Gläubiger erfassen mit folgenden Daten
Name (vollständige Angaben)

Hauptforderung

Zinsen (Höhe, berechnet bis zum)
Kosten (Bearbeitungsgebühren oder ähnliches)

IWas?
IWielange?
ISchuldnerberatung

Forderungsgrund

Summe aller Forderungen des Gläubigers

Diese Angaben für jeden Gläubiger von 1-20, denn Sie wissen ja, wenn man mehr als 20 Gläubiger hat, ist dies ein Ausschlussgrund für das Insolvenzverfahren.

2. Anlage 7 Schuldenbereinigungsplan für das gerichtliche Verfahren
Allgemeiner Teil

Hier geben Sie aus Ihrem letzten außergerichtlichen Bereinigungsplan die Gläubiger an, sowie die Verfahrensbevollmächtigen der Gläubiger, die Höhe der Forderung und den prozentualen Anteil an der Gesamtforderung

3. Anlage 7A Schuldenbereinigungsplan für das gerichtliche Verfahren
Besonderer Teil
Musterplan mit Einmalzahlungen bzw. festen Raten

Hier bieten Sie dem Gericht an, wie Sie Ihre Gläubiger angemessen bedenken wollen und welche Regelung Sie dafür vorsehen.

Im Wesentlichen ist dies die nochmalige Auflistung der Gläubiger, deren Forderung und jetzt ergänzend, welche Zahlungsweise und Fälligkeit

sie vorschlagen mit entsprechenden Zahlen zur Höhe von Raten oder einmaligen Sonderzahlungen

4. Anlage 7A Schuldenbereinigungsplan für das gerichtliche Verfahren
Besonderer Teil
Musterplan mit flexiblen Raten

3. siehe Punkt 10

5. Anlage 7B Schuldenbereinigungsplan für das gerichtliche Verfahren
Besonderer Teil
Ergänzende Regelungen

Hier listen Sie auf, ob Sie mit einem Gläubiger besondere Vereinbarungen betroffen haben, wie zum Beispiel Sicherungsabtretungen, Bürgschaften, Zwangsvollstreckungen, usw.

6. Anlage 7C Schuldenbereinigungsplan für das gerichtliche Verfahren
Erläuterungen zu der vorgeschlagenen Schuldenbereinigung
Hier listen Sie auf, welche Gedanken Sie sich mit Ihrem Schuldenberater

gemacht haben und welche finanziellen Möglichkeiten Sie haben.

Sie sehen, dieser Antrag ist nicht nur sehr umfangreich, sondern auch inhaltlich anspruchsvoll und muss in allen Bestandteilen der Wahrheit entsprechen. Der ausgefüllte Antrag ist dann beim Amtsgericht Ihres Wohnortes abzugeben.
Es erfolgt aber noch kein Eröffnungsantrag, solange das gerichtliche Schuldenbereinigungsverfahren nicht abgeschlossen ist.

Gerichtlicher Schuldenbereinigungsplan

So, eine Menge Arbeit ist erledigt und Sie haben dies mit bestem Wissen und Gewissen ausgeführt, denn die Richtigkeit und Vollständigkeit dieser Angaben muss an Eides statt versichert werden.

Gibt der Antragsteller hier falsche Angaben macht er sich strafbar und verwirkt darüber hinaus auch die Restschuldbefreiung.

Sie erinnern sich noch, dass entsprechend Anlage 7 Sie den außergerichtlichen Einigungsversuch dokumentiert haben und diesen so dem Gericht zur Verfügung gestellt haben. Sie haben auch dem Gericht in dieser Anlage 7 die Information gegeben, ob ein neuerlicher Versuch einer Einigung sinnvoll ist ja oder nein.

Geht das Gericht auch davon aus, dass ein gerichtlicher Einigungsversuch

nochmal gestartet werden soll, ruht so lange die Eröffnung des Insolvenzverfahrens.

Warum, also nochmal der gerichtliche Versuch? Das Gericht hat hier tatsächlich andere Möglichkeiten zu einer Einigung zu kommen, oder diese zu erzwingen!

Dies unterscheidet den außergerichtlichen vom gerichtlichen Einigungsversuch, dergestalt, dass das Gericht die Zustimmung einzelner Gläubiger ersetzen kann. Dies aber unter der Voraussetzung, dass die Mehrheit der Gläubiger (Kopfmehrheit, zum Beispiel 6 von 10 Gläubigern stimmen zu) und auch die Summenmehrheit (mehr als 50% der Forderungen werden abgedeckt) dem Schuldenbereinigungsplan zustimmt.

Darüber hinaus darf dieser Schuldenbereinigungsplan die ablehnenden Gläubiger nicht unangemessen benachteiligen gegenüber den Gläubigern, die dem Plan zugestimmt haben. Grundsätzlich hat das Gericht hier auch im Auge, dass die Gläubiger, die widersprechen, nicht schlechter gestellt sein sollen, als wenn ein Insolvenzverfahren durchgeführt wird.

Schweigen einzelne Gläubiger, oder sie antworten gar nicht auf die gerichtlichen Schreiben, wertet das Gericht dies als Zustimmung.
Damit sehen Sie auch die wesentlichen Unterschiede zum außergerichtlichen Verfahren. Hier war nur eine Einigung möglich, wenn ALLE Gläubiger zugestimmt haben.

Wird unter diesen Randbedingungen der Schuldenbereinigungsplan angenommen, hat dieser die gleiche Wirkung wie ein gerichtlicher Vergleich, in sofern, dass der Schuldner dann „nur noch" die im Schuldenbereinigungsplan festgelegten Zahlungsverpflichtungen erfüllen muss.

Damit ist auch klar, wenn der Schuldner seinen Verpflichtungen nicht nach-

kommt, greifen wieder die ursprünglichen Forderungen aller, abzüglich der bis dahin geleisteten Rückzahlungen.

Es ist aber auch bei diesem Verfahrensschritt wichtig zu wissen, dass die Schulden bei den Gläubigern, die sich im gerichtlichen Einigungsverfahren nicht gemeldet haben und ohne die das Verfahren durchgeführt wird, deren Ansprüche nicht dadurch verfallen. Diese Ansprüche können weiter vom Schuldner gefordert werden.

Scheitert auch das gerichtliche Schuldenbereinigungsverfahren, oder beschließt das Gericht erst gar nicht ein solches Verfahren anzugehen, wird das ruhende Insolvenzverfahren wieder aufgenommen und es erfolgt die Eröffnung des Insolvenzverfahrens.

Das Verfahren wird dann mit einem Beschluss eröffnet und es erfolgt eine Bekanntmachung im Internet unter

www.insolvenzbekanntmachungen.de

Dieser Beschluss des Amtsgerichtes erhält dann ein Aktenzeichen, das Eröffnungsdatum mit Uhrzeit

#Es wird ein Insolvenzverwalter bestimmt mit Name, Anschrift und Kommunikationsnummern.

Es wird vermerkt, dass Gläubiger bis zu einem bestimmten Datum Ihre Forderungen und auch Sicherungsrechte, bei dem Insolvenzverwalter schriftlich anmelden können.

Festgelegt wird auch, wie das Verfahren durchgeführt wird, in der Regel - schriftlich.
Der Prüfungstermin auf Einwendungen und Widersprüche wird festgelegt -

drei Monate nach Eröffnungsdatum.

Diese Einwendungen könnten sein

- Wahl eines anderen Insolvenzverwalters
- Zwischenrechnungslegung des Insolvenzverwalters
- Wahl des Gläubigerausschusses
- Unterhaltsverpflichtungen aus der Insolvenzmasse, Anlegung der Insolvenzmasse
- Ausarbeitung eines Insolvenzplanes
- Besonders bedeutsame Rechtshandlungen hinsichtlich der Insolvenzmasse

Es wird abschließend festgelegt, dass die Insolvenztabelle auf der Geschäftsstelle des Insolvenzgerichtes einsehbar ist, wie auch der vollständige Beschluss des gesamten Verfahrens.

Hier ist wichtig anzumerken, dass die Gläubiger in der Pflicht sind, sich einen Überblick zu verschaffen und Informationen sich selbstständig zu besorgen.
Noch einmal angemerkt, was mit der Eröffnung des Insolvenzantrages geschieht und welche Auswirkungen dies auf den Schuldner hat

- Durch die Eröffnung des Insolvenzverfahrens geht das Recht des Schuldners, das zur Insolvenzmasse gehörende Vermögen zu verwalten und über es zu verfügen auf den Insolvenzverwalter über

- Hat der Schuldner nach der Eröffnung des Insolvenzverfahrens über einen Gegenstand des Insolvenzmasse verfügt, so ist diese Verfügung unwirksam

- Der Verwalter verfügt über sämtliche Konten des Schuldners, er schließt

oder kündigt in seinem Namen Verträge, verkauft verwertbare Vermögensgegenstände und befriedigt damit schließlich die Gläubiger

– Der Schuldner darf trotzdem nach der Eröffnung über sein nichtpfändbares Einkommen und Vermögen frei verfügen und darf auch Sparen, wenn der Vermögensverwalter etwaige Konten aus der Vermögensmasse freigegeben hat

Antrag auf Verfahrenskostenstundung

Das Insolvenzverfahren wird grundsätzlich vom Insolvenzgericht nur eröffnet, wenn davon auszugehen ist, dass die Mindestverfahrenskosten gedeckt sind bzw. wenn ein entsprechender Verfahrenskostenvorschuss in bar eingezahlt wird. Bei strenger Anwendung dieser Vorgabe würde vielen Schuldnern der Weg zum Insolvenzverfahren mit anschließender Restschuldbefreiung nicht möglich sein.

Die Insolvenzordnung sieht daher vor, dass ein Schuldner mit gestelltem Antrag auf Restschuldbefreiung auch auf Antrag die Kosten des Insolvenzverfahrens bis zur Erteilung der Restschuldbefreiung gestundet werden, soweit das Schuldnervermögen voraussichtlich nicht ausreichen sein wird, um diese Kosten selbst zu decken. Die Stundung umfasst auch die Kosten des Verfahrens über den Schuldenbereinigungsplan und des Verfahrens zur Restschuldbefreiung.

Bei Vermögenslosigkeit kann daher der Eigenantrag des Schuldners mit einem Antrag auf Stundung der Verfahrenskosten gestellt werden. Bei einem entsprechenden Antrag mit Nachweis der Vermögenslosigkeit wird das Insolvenzgericht die Verfahrenskosten stunden.

Nach Beendigung der Wohlverhaltensperiode, wird die Justizkasse die entstandenen Mindestverfahrenskosten vom Schuldner zurückfordern.

Zu verwenden :

Antragsformular Verfahrenskostenstundung

IWas?
IWielange?
IInsolvenzverwalter

13SCHRITT 2 : ZUSAMMENARBEIT MIT DEM INSOL-VENZVERWALTER

Insolvenzverwalter

Wielange ?	6 Jahre
Was ?	Insolvenz-Verfahren gerichtl. Vergleichsverfahren Sammeln Verwerten Befriedigen
Eckpunkte	Schließung InSo-Verfahren
Schuldner	Pflichten des Schuldners Mitwirkung/Mitteilung
Schuldner	KEINE falschen Angaben InSo-Verw tritt in alle bestehenden Verpflichtu u. Verträge ein
Achtung Kosten !!	Antrag auf Kostenstundung (Keine weiteren Kosten)

WAS TUN!?

IWas?
IWielange?
IInsolvenzverwalter

Der Insolvenzverwalter ist bestellt, die Insolvenztabelle erstellt, das Verfahren ist eröffnet und im Internet bekannt gemacht. Der Insolvenzverwalter kann jetzt mit seiner Arbeit beginnen und laut Insolvenztabelle die Gläubiger sowie seine Leitung befriedigen. Dabei wird der Insolvenzverwalter die vorhandene Insolvenzmasse verwerten und entsprechend der Insolvenztabelle für eine gleiche Verteilung, entsprechend der vereinbarten Quote, an die Gläubiger sorgen. Er prüft auch alle Forderungen, die zur Erstellung der Insolvenztabelle und eines abschließenden Schlussverzeichnisses führen.

Der Insolvenzverwalter ist in Ausübung seiner Tätigkeit berechtigt alles, im Rahmen seiner Befugnisse, entsprechend der Insolvenzverordnung anzufechten. Das heißt, alle Möglichkeiten einer Verwertung zu hinterfragen, ältere Transaktionen zu überprüfen und gegebenenfalls rückgängig zu machen. Alles mögliche Verwertbare, an denen Absonderungsrechte bestehen, wird verwertet. Dabei wird nochmal zwischen Aussonderungen und Absonderungen unterschieden.

Aussonderungen beschreiben Vermögen/Gegenstände, die nicht zur Insolvenzmasse gehören, weil der Schuldner geltend machen kann, dass diese Gegenstände/Vermögen sich nicht, oder noch nicht in seinem Eigentum befinden.

Als Beispiel ist hier anzuführen die Bestellung bei einem Online-Händler, die Ware ist geliefert, aber nicht bezahlt. Diese Ware kann der Verwalter nicht verwerten, da sie sich noch im Besitz des Online-Händlers befindet. Absonderungen bezeichnen Pfandrechte, Sicherungsrechte an beweglichem oder unbeweglichem Eigentum welches nach Maßgabe des Gesetzes über Zwangsversteigerung und die Zwangsverwaltung zur abgesonderten Befriedigung berechtigt.

Ob Aussonderungsrechte oder Absonderungsrechte bestehen, wird vom Insolvenzverwalter geprüft. Aber die Gegenstände, oder Werte die hierunter

zu betrachten sind, gehören erst einmal zur Insolvenzmasse und müssen einsprechend auch im Vermögensverzeichnis aufgeführt werden.

Wie arbeitet der Insolvenzverwalter?
Im Wesentlichen lässt sich dies ganz einfach so zusammenfassen

Er sammelt, verwertetet und befriedigt

Mit der Eröffnung des Insolvenzverfahrens geht die gesamte Insolvenzmasse aus dem Vermögen des Schuldners zur Verwaltung und Verfügung auf den Insolvenzverwalter über. Neben dem gesamten Vermögen des Schuldners gehört auch der unpfändbare Lohn- oder Gehaltsanteil dazu. D.h. also, der Verwalter nimmt Besitz von diesem Vermögen und den zu erwartenden Lohn oder Gehalt.

Grundsätzlich gilt, dass alle Vermögensgegenstände gesammelt und verwertet werden können, mit Ausnahme der Gegenstände die zur Fortführung der Erwerbstätigkeit des Schuldners und für sein tägliches Leben notwendig sind.

Ist der Schuldner zum Beispiel Schriftsteller, so kann der PC oder das Notebook, nicht gepfändet werden. Oder ist der Schuldner berufstätig und auf ein Auto zur Fahrt zur Arbeit angewiesen, so kann dieses Auto nicht verwertet werden.

Aber selbstverständlich kann eine Austauschpfändung stattfinden.
Als Beispiel, hat unser Schrittsteller ein hochwertiges Apple-Notebook, so kann dies gegen Überlassung eines einfacheren Notebooks gepfändet werden. Hat der berufstätige Schuldner eine teures Oberklasse-Fahrzeug für die Fahrt zur Arbeit, kann dieses gepfändet werden und in einer Austauschpfändung ein anderes Fahrzeug zur Verfügung gestellt werden. Hier ist aber auch immer die Wirtschaftlichkeit zu beachten.

IWas?
IWielange?
IInsolvenzverwalter

Während des Insolvenzverfahrens sind Zwangsvollstreckungsmaßnahmen unzulässig, da gewährleistet sein soll, dass alle Gläubiger gleich behandelt werden. Dies gilt natürlich nicht für neue Gläubiger, die nach Eröffnung des Insolvenzverfahrens hinzugekommen sind. Diese Gläubiger können ihre Rechte über Mahnungen, Feststellungen, Pfändungen selbstverständlich wahrnehmen.

Der Vermögensverwalter hat darüber hinaus das Recht alle Rechtshandlungen des Schuldners grundsätzlich in Frage zu stellen und diese gegebenenfalls auch rückgängig zu machen. Er prüft hier ob solche Rechtshandlungen (Verträge abschließen, Geldüberweisungen, oder ähnliches) in direktem und zeitlichen Zusammenhang mit dem Insolvenzantrag stehen.

Diese Prüfung gewährleistet, dass alle Gläubiger gleich behandelt werden und keiner durch eine Rechtshandlung des Schuldners bevorteilt wurde.

Hier spielt im Besonderen auch eine Rolle in wie weit der Schuldner, obwohl er zahlungsunfähig ist, Rechtshandlungen mit einem Gläubiger vorgenommen hat, der darüber Kenntnis haben musste. Die darf der Verwalter bis drei Monate vor Antragstellung zurückverfolgen.

Der Verwalter tritt in alle bestehenden Verträge des Schuldners ein und prüft diese. Er kann entscheiden, ob diese Verträge fortgesetzt werden, oder gekündigt werden. Solche Verträge sind zum Beispiel Mietverträge, Strom- oder Gaslieferverträge, Telefon-Festnetz oder Handyverträge, Bezahlsender, TV-Verträge und Versicherungen.

Dabei wird unterschieden, ob Verträge einen Wert darstellen oder keinen Wert darstellen. Mietverträge zum Beispiel stellen keinen Wert dar und dürfen dann vom Schuldner selbst weitergeführt werden. Allerdings, Verträge die einen Wert darstellen, wie Bausparverträge oder Lebensversicherungen wird der Insolvenzverwalter kündigen und die Erträge daraus in die Insol-

venzmasse einbeziehen. Bestehen Mietverträge an Räumen oder unbeweglichen Gegenständen, hat der Verwalter immer ein Sonderkündigungsrecht von drei Monaten, auch wenn in den Verträgen etwas Abweichendes vereinbart wurde. Dies gilt natürlich nicht für selbstbewohnte private Wohnungen. Kautionen sind pfändbar, aber erst, wenn das Mietverhältnis beendet ist.

Bestehen steuerliche Verpflichtungen des Schuldners, so hat der Insolvenzverwalter diese zu befriedigen. Auf der anderen Seite sind Steuererstattungen der Insolvenzmasse direkt zu zuführen.

Bestehen seit der Eröffnung des Insolvenzverfahrens Prozesse, die der-Schuldner führt, oder gegen den Schuldner geführt werden, sind diese Prozesse zunächst unterbrochen. Der Insolvenzverwalter entscheidet, ob er diese Prozesse aufnehmen und weiterführen will. Wird mit einem Erlös zu rechnen sein, wird er diese Prozesse weiterführen und eventuelle Erträge dann der Insolvenzmasse zuführen. Anderenfalls erklärt er gegenüber dem zuständigen Gericht, dass er den Prozess nicht weiter verfolgt.

Eine wesentliche Aufgabe des Insolvenzverwalters ist die Prüfung der Forderungen die die Gläubiger gestellt haben und die letztlich in der Insolvenztabelle verarbeitet wurden. Die Frage die sich hierbei immer stellt ist die, ob eine unerlaubte Handlung vorliegt. Vorsätzlich pflichtwidrige Handlungen ergeben sich aus Steuerstraftaten, Geldstrafen, Bußgeldern, oder ähnliches.

Diese Forderungen werden im Insolvenzverfahren nicht berücksichtigt, um hier das Rechtsystem nicht zu benachteiligen.

Wichtig ist auch noch, dass Forderungen aus Unterhaltsrückständen nicht an der Restschuldbefreiung teilhaben. Das gleiche gilt für etwaige Steuerhinterziehungen und einer Verurteilung die dazu geführt hat.

Diese unerlaubten Handlungen und die Forderungen die sich damit verbinden prüft der Verwalter. Kommt er zu der Erkenntnis, dass es sich hierbei um unerlaubte Handlungen handelt, übermittelt er dies an das zuständige Insolvenzgericht. Dies wiederum informiert den betroffenen Schuldner und gibt Gelegenheit hierzu Widerspruch einzulegen und sich zu erklären.

Ein Gläubiger hat aber auch das Recht seine Forderung von der Restschuldbefreiung auszuschließen. Dies kann er aber nur durch ein Zivilgericht durchführen lassen.

In diesem Kapitel sind nun die wesentlichen Aufgaben des Insolvenzverwalters beschrieben worden und erläutert. Es ist immer ratsam, mit dem Insolvenzverwalter ein offenes, ehrliches und konstruktives Verhältnis einzugehen und zu pflegen.

Mitwirkung des Schuldners - Rechte u. Pflichten

Die Mitwirkungspflicht des Schuldners während des Insolvenzverfahrens ist verpflichtend. Eine Offenlegung seines gesamten Vermögens und auch etwaiger Veränderungen ist zwingend und über entsprechende Unterlagen dem Verwalter zu überlassen.

Darüber hinaus sind zwei Pflichten während des Verfahrens für den Schuldner wichtig.

Erbt er ein Vermögen, oder gewinnt er im Lotto sind diese Erträge dem Insolvenzverwalter zuzuführen.

Der Schuldner ist verpflichtet während des Verfahrens einer angemessenen Erwerbsstätigkeit nach zu gehen.

Der Schuldner kann während des Insolvenzverfahrens einer selbständigen Tätigkeit neu nachgehen, oder die bestehende Selbstständigkeit weiter fortführen. Erträge daraus sind vom Insolvenzverwalter zu überprüfen, ob eventuelle Anteile pfändbar sind oder nicht. Dies ist ein schwieriges Unterfangen, da Erträge aus selbstständiger Tätigkeit schwankend sein können und gerade bei Beginn einer solchen Tätigkeit auch negativ sein können.

Etwaige Ansprüche des Finanzamtes bleiben dabei aber immer bestehen und müssen berücksichtigt werden.

IWas?
IWielange?
IInsolvenzverwalter

Schlusstermin und Beendigung des Verfahrens

Ist das Vermögen des Schuldners vollständig verwertet, alle Forderungen entsprechend der Rechtmäßigkeit geprüft und entsprechend der Insolvenztabelle alle Gläubiger befriedigt, wie auch die Forderungen des Insolvenzverwalters bezahlt, wird das Insolvenzverfahren beendet.

Dafür erstellt der Insolvenzverwalter eine Schlussrechnung und einen Schlussbericht über den Ablauf des Verfahrens. Dieser Bericht beinhaltet auch eine Einnahmen- und Überschussrechnung (Ein- und Ausgaben). Auf Grundlage der Insolvenztabelle erstellt er ein Schlussverzeichnis, aus dem hervorgeht, wer was während des Verfahrens bekommen hat. Dieses Schlussverzeichnis wird auf der Geschäftsstelle des Insolvenzgerichtes hinterlegt und es ist damit den Gläubigern zur Überprüfung zugänglich.

Auch hier gilt der Grundsatz, dass der Gläubiger sich diese Information beschaffen muss. Nach Ablauf einer zweiwöchigen Frist, in der der Gläubiger gegebenenfalls Einspruch und Rechtsmittel erheben und einlegen kann, ist das Schlussverzeichnis nicht mehr zu ändern und ist verbindlich.

Letztlich überprüft auch das Gericht die eingereichten Unterlagen des Verwalters und legt einen abschließenden Termin fest. Dieser Abschluss wird auch in

www.insolvenzbekanntmachungen.de

veröffentlicht.

Versagungsgründe

Bevor das Verfahren in die Wohlverhaltensphase übergeht ist es wichtig noch einmal über Gründe zu reden, die eine Restschuldbefreiung gegebenenfalls verhindern können, die sogenannten Versagungsgründe.

Diese Gründe können während des gesamten Verfahrens auftreten und sind nicht zwangsläufig an die Entscheidung für einen Schlusstermin gebunden.

Die Gläubiger haben also das Recht während des gesamten Verfahrens immer den Schuldner „im Auge" zu behalten und zu hinterfragen, ob gegebenenfalls eine solche Versagung vorliegt. Dieses Recht haben nicht der Insolvenzverwalter oder das zuständige Insolvenzgericht.

Diese Versagungsgründe sind wie folgt:

–   Eine rechtskräftige Verurteilung des Schuldners zu einer Geldstrafe von mehr als 90 Tagessätzen oder einer Freiheitsstrafe von mehr als drei Monaten in den letzten fünf Jahren vor Antrag des Insolvenzverfahrens oder danach

–   Hat der Schuldner in den letzten drei Jahren vor Antragsstellung vorsätzlich und grob fahrlässig unrichtige und falsche Angaben über seine wirtschaftlichen Verhältnisse gemacht, um zum Beispiel einen Kredit zu erhalten oder öffentliche Mittel oder Leistungen zu beziehen

–   Hat der Schuldner in den letzten drei Jahren vor Antragstellung die Eröffnung des Insolvenzverfahrens vorsätzlich oder grob fahrlässig

verhindert und ist dadurch Vermögen verschwendet worden oder neue Verbindlichkeiten begründet worden

– Hat der Schuldner Auskunfts- und Mitwirkungspflichten vorsätzlich oder grob fahrlässig verletzt

– Hat der Schuldner bei vorzulegenden Erklärungen vorsätzliche oder grob fahrlässig falsche Erklärungen abgegeben

– Hat der Schuldner keine Erwerbstätigkeit ausgeübt. Dies gilt natürlich nicht, wenn den Schuldner dabei kein Verschulden trifft

Ob eine solche Verletzung vorliegt, wird auf Antrag des Gläubigers entschieden. Dieser Antrag muss 6 Monate nach Bekanntwerden des Versagungsgrundes gestellt sein. Eine Entscheidung trifft der zuständige Richter.

Bitte beachten Sie, dass das Gericht die erteilte Stundung der Gebühren auch aufheben kann, wenn

– vorsätzlich oder grob fahrlässig falsche Angaben gemacht wurden

– persönliche oder wirtschaftliche Gründe für die Stundung bei Antragstellung nicht vorgelegen haben

– der Schuldner länger als drei Monate mit der Zahlung von Raten im Rückstand ist

– der Schuldner keiner angemessenen Erwerbstätigkeit nachkommt

– die Restschuldbefreiung versagt oder widerrufen wird

Sie sehen, hier ist bis zum Schlusstermin jederzeit die Möglichkeit durch die Gläubiger das Verfahren zu beenden und die Restschulderteilung vorzeitig zu verhindern. Sind Sie also immer kooperativ und zuverlässig in dem was Sie erklären und tun.

Endlich, die Aufhebung des Insolvenzverfahrens kann nach dem Schlusstermin durch das Gericht festgestellt werden. Sollten keinerlei Versagungsgründe vorliegen, geht der Schuldner nun in die Wohlverhaltensphase. Für die Begleitung des Schuldners in der Wohlverhaltensphase bestimmt das Gericht einen Treuhänder. Die pfändbaren Bezüge des Schuldners gehen während der Wohlverhaltensphase an den Treuhänder.

IWas?
IWielange?
ITreuhänder

14SCHRITT 3 : WOHLVERHALTEN-SPHASE

Treuhänder

Wielange ?	6 Jahre
Was ?	Wohlverhaltensphase
Eckpunkte	Schließung InSo-Verfahren
Schuldner	Pflichten des Schuldners Mitwirkung/Mitteilung
Schuldner	Erwerbsobliegenheit (2-3 Bew/W) Mitteilungspflicht nur Zahlungen an Treuhänder Erbschaften
Achtung Kosten !!	Antrag auf Kostenstundung (Keine weiteren Kosten)

WAS TUN!?

|Was?
|Wielange?
|Treuhänder

In der Wohlverhaltensphase darf der Schuldner wieder selbständig über sein Vermögen verfügen. Die Vormundschaft des Vermögensverwalters ist aufgehoben.

Der Schuldner kann wieder in eigener Verantwortung neue Verträge abschließen ohne dass es hierzu einer Einwilligung des neu bestellten Treuhänders bedarf. Er kann neues Vermögen bilden, aber auch neue Verbindlichkeiten eingehen.

Während der Wohlverhaltensperiode ergeben sich zwingende Pflichten des Schuldners

– er hat eine angemessene Erwerbstätigkeit auszuüben, oder sich um eine solche zu bemühen (Nachweis ist hier eine regelmäßige Bewerbung)

– Erbschaften sind zur Hälfte an den Treuhänder abzuführen

– Jeder Wohnsitzwechsel oder Wechsel der Arbeitsstelle ist dem Treuhänder unverzüglich anzuzeigen und jederzeit dem Gericht oder Treuhänder Auskunft über seine Erwerbstätigkeit oder sein Bemühen zu erteilen

– Zahlungen zur Befriedigung der Gläubiger sind nur an den Treuhänder zu leisten

Verstöße gegen diese Pflichten haben ein Versagen der Restschuldbefreiung zur Folge. Diese können sich ergeben aus

– Antrag eines Insolvenzgläubigers
– Pflichtverletzung
– Schuldhaftes Handel
– Beeinträchtigung der Gläubiger

Diese Einwendungen können bis zu einem Jahr nach Kenntnis bei Gericht vorgetragen werden.

Bei Selbständigen gilt, dass die Insolvenzgläubiger so zu stellen sind, wie wenn der Schuldner in der Restschuldbefreiung einer angemessenen Tätigkeit als Lohn- oder Gehaltsempfänger nachgegangen wäre.
Eine Versagung während der Wohlverhaltensphase tritt auch ein, wenn der Schuldner zu einer Geldstrafe von mehr als 90 Tagessätzen oder einer Freiheitsstrafe von mehr als drei Monaten verurteilt wird.

Versagung tritt ebenfalls ein, wenn die Vergütung des Treuhänders nicht bezahlt wird.

Tritt also einer dieser Versagungsgründe ein, wird das Verfahren sofort beendet und die Restschuldbefreiung nicht gewährt.

Erteilung der Restschuldbefreiung

Nach Ablauf der Wohlverhaltensperiode wird von Seiten des Insolvenzgerichtes die Restschuldbefreiung erteilt.

Damit ist der Schuldner schuldenfrei auch gegenüber den Gläubigern, die sich nicht gemeldet haben, oder nicht im Forderungsverzeichnis aufgeführt waren.

Sie wissen ja, dass der Gläubiger sich selbsttätig Wissen über den Verfahrensstand machen muss. Mit Erteilung der Restschuldbefreiung werden die Schulden in eine unvollkommene Verbindlichkeit überführt. Dies hat zur Konsequenz, dass der Gläubiger seine Restschuld nicht mehr erzwingen kann.

Schlussendlich wird dieser Schritt auch in der Insolvenzbekanntmachung dokumentiert und ist hier für jedermann einsichtig. Die wichtigsten Fakten darin sehen wie folgt aus

- Amtsgericht und Aktenzeichen
- Gegenstand : Restschuldbefreiung über das Vermögen des Max Mustermann
- Name des Verfahrensbevollmächtigten/Treuhänders
- Termin der Restschuldbefreiung
- Hinweis auf die Festsetzung der Vergütung des Treuhänders
- Hinweis, dass der Beschluss beim Amtsgericht eingesehen werden kann

Vorzeitige Erteilung der Restschuldbefreiung

Die sollten an der Stelle auch wissen, dass es eine vorzeitige Erteilung einer Restschuldbefreiung geben kann.
Die ist unter folgenden Bedingungen möglich:

- Wenn keine Forderungen angemeldet oder die angemeldeten Forderungen umfänglich geleistet wurden, die Verfahrenskosten beglichen sind, ein Antrag auf vorzeitige Erteilung der Restschuldbefreiung gestellt ist. Hierzu ist keine Mindestlaufzeit erforderlich.
- Nach drei Jahren kann die Restschuldbefreiung erteilt werden, wenn eine Befriedung der Gläubiger in Höhe von 35% erfolgt ist, die Verfahrenskosten bezahlt sind und ein Antrag auf Restschuldbefreiung gestellt ist.
- Nach fünf Jahren kann eine Restschuldbefreiung erteilt werden, wenn die Verfahrenskosten bezahlt sind und der Schuldner einen Antrag auf vorzeitige Erteilung der Restschuldbefreiung stellt

Zum Schluss sei noch darauf aufmerksam gemacht, dass die Restschuldbefreiung auch widerrufen werden kann, nämlich in den Fällen

- Pflichtverletzungen während der Wohlverhaltensphase
- Insolvenzstraftat
- Nach Erteilung der Restschuldbefreiung vorsätzlich oder grob fahrlässig Auskunfts- und Mitwirkungspflichten verletzt wurden

Ein solcher Antrag kann längstens ein Jahr nach Erteilung der Restschuldbefreiung beantragt werden.

IWas?
IWielange?
IAmtsgericht

15SCHRITT 4 : RÜCKZAHLUNG DER KOSTENSTUNDUNG

Amtsgericht

Wielange ?	4 Jahre
Was ?	Wohlverhaltensphase
Eckpunkte	Erteilung Restschuldbefreiung
Schuldner	Pflichten des Schuldners Mitwirkung/Mitteilung
Schuldner	Zahlungsverpflichtung (ggfs. in Raten) nach regelmäßiger Überprüfung durch das Amtsgericht
Achtung Kosten !!	Rückzahlung der gerichtl. Kosten (mind. €2.000 - €4.000)

WAS TUN!?

| Was?
| Wielange?
| Amtsgericht

Nach Erteilung der Restschuldbefreiung endet die Kostenstundung. Das Gericht kann die gewährte Stundung der gerichtlichen Gebühren, die Verwalter und Treuhändergebühren sind ja bereits aus der Masse bezahlt, bis zu 48 Monate verlängern und monatliche Raten festsetzen, wenn eine einmalige Rückzahlung nicht möglich ist.

Diese Kosten belaufen sich je nach Höhe des Insolvenzverfahrens von 2.000.- bis ca. 4.000.- Euro.

Während der 48 Monate kann das Gericht die festgelegten Raten jederzeit ändern und den aktuellen Verhältnissen des Schuldners anpassen. Nach Ablauf von 4 Jahren ist hierzu keine Änderung mehr möglich.

Auch hierzu hat der Gesetzgeber wiederum vorzeitige Aufhebungen festgelegt, die sich im wesentlichen nach dem Verhalten des Schuldners richten

- Wenn wiederum vorsätzliche oder grob fahrlässige unrichtige Angaben gemacht wurden
- Persönliche oder wirtschaftliche Voraussetzungen für die Stundung fehlen
- Ein Rückstand von mehr als drei Monaten bei der Rückzahlung des gestundeten Betrages besteht
- Keine angemessene Erwerbstätigkeit vorliegt
- Die Restschuldbefreiung versagt wurde

Wir sind am Abschluss des Insolvenzverfahrens. Haben Sie die gestundeten Verfahrenskosten vollständig zurückbezahlt, ist das gesamte Verfahren erledigt und Sie sind „Schuldenfrei". Das heißt ja, wie wir gelernt haben, die Schulden sind nicht weg, aber sie sind zu einer „unvollkommenen Forderung" verwandelt worden.

Glückwunsch, Sie haben mit Abschluss dieses Schrittes das gesamte Verfah-

ren durchlaufen und haben sicherlich viel an Wissen und Erfahrung aufgebaut und gemacht.

Verhalten während und nach dem Insolvenzverfahren

Sie haben gesehen, das Thema Insolvenzverfahren ist nicht trivial und will gut überlegt sein, da es sehr langlaufend ist und fachlich gute Unterstützung benötigt, um dem geforderten Formalismus präzise Rechnung zu tragen.

Ich halte das Insolvenzverfahren für eine gute Chance, sich seiner Schulden auf ordentlichem Wege zu entledigen und dies unter gesetzlichen Rahmenbedingungen.

Ich bin aber auch davon überzeugt, dass dieser Formalismus nicht alleine genügt, seine Schuldenlast auf NULL zu stellen, sondern es gehört mehr dazu. Dieses MEHR muss sich beim Schuldner selbst in seinem Verhalten abspielen.

Nehmen wir noch einmal den Ablauf des Insolvenzverfahrens, dann erkennen wir sehr gut, dass das Verfahren ein rein schriftliches Verfahren ist und damit immer auf Grundlage von Formblättern, Anträgen und präzisem Schriftwechsel mit dem Insolvenzgericht, dem Insolvenzverwalter und dem Treuhänder beruht.

| Was?
| Wielange?
| Amtsgericht

Hier ist auf seitens des Schuldners gefordert, dass er

- eine lückenlose Aktenlage zur Verfügung hat
- präzise über seine „Schuldenlaufbahn" Auskunft geben kann
- den Willen hat sich selbst und seine Situation grundlegend ändern zu wollen
- Offenheit zeigt, sich helfen zu lassen
- gute Fachleute als Partner hat, die in der Materie exzellente Kenntnisse aufweisen können
- erkennt, dass der Weg zum Schuldenberater ein guter Weg ist, der auch kostenfrei ist
- einen langen „Atems" durch das Insolvenzverfahren hat
- Ausdauer und Unterstützung durch die Familie erhält oder anderer nahestehender Personen
- unterwegs nicht aufgibt, sondern, auch wenn es schwer fallen sollte,
- immer wieder weiter zu machen
- nachhaltig sein Leben verändert und Ursachen und Wirkung seiner Schuldenlaufbahn aufarbeitet und Lehren daraus zieht
- keine neuen und weiteren Schulden macht
- sich Grundsätze erarbeitet, die seinen neuen Lebensabschnitt ohne Schulden gut unterstützen können
- einfach gesagt – ein neuer, anderer Mensch wird

Das Grundprinzip, was ich für richtig halte, beruht auf dem Grundsatz

– jeder ist seines Glückes Schmid –

und kann damit von jedermann auch selbst beeinflusst werden.
Sicherlich, es gibt Themen, wie Krankheit, Arbeitslosigkeit, Scheidung usw.

Aber auch bei diesen Themen ist „Hilfen zur Selbsthilfe" immer eine gute Einstellung und Basis mit wenigen Leitsätzen sich immer wieder vor Augen zu halten, was zu tun ist.

Denken Sie dabei an folgende Leitsätze:

- ich kann nicht mehr Geld ausgeben, als ich einnehme
- Ordnung ist das halbe Leben
- Offenheit und Verlässlichkeit sind Wesenszüge die sich bei veränderten Situationen als sehr hilfreich erweisen
- Hilfe anzunehmen und dafür bereit zu sein ist ein erster Schritt zur Situationsverbesserung
- Selbstkritik und Einsicht hilft als Präventionsgrundsatz
- regelmäßige Beschäftigung und „Geldverdienen" ist eine gute Form der Selbstwertschätzung und Anerkennung
- Lebensplanung ist ein Hilfsmittel einer eigenen Struktur zu folgen
- Ziele setzten und das Erreichen von Zielen immer kritisch zu überprüfen und zu hinterfragen, hilft tatsächlich das Ziel auch zu erreichen

All diese Themen mögen für Sie Gedankenanreize sein, dass sich bei erfolgreichem Abschluss des Insolvenzverfahrens, aber auf bereits auf dem Weg zum Abschluss, grundlegendes verändern muss und keine neuen Schulden gemacht werden. Die viele Arbeit, die Sie sich machen, aber die auch Ihre Partner für Sie machen, wie die Schuldenberater, die Rechtsanwälte oder andere Prozessbeteiligte, muss sich letztendlich bezahlt machen.

Dies so zu tun ist eine Chance, die Sie nicht leichtfertig vertun sollten. Eine Chance das eigene Leben besser in den Griff zu bekommen und mit den gewonnenen Erkenntnissen diesen „Neustart" auch bestmöglich durchführen zu können.

Gerne verweise ich an dieser Stelle auf meine ersten Bücher, wo genau Sie mit diesen Denkweisen und Anleitungen dazu vertraut gemacht werden.

Die Sachbuchreihe „WASTUN!?" zum Thema **VERSCHULDET** und **ÜBERSCHULDET** steht Ihnen als Bücher zum Selbststudium hier bestens als Ratgeber zur Seite.

Eine letzte Geschichte

Ich hatte in der letzten Zeit eine interessante Begegnung mit einer jungen Frau, Alter 26 Jahre, mit einem Schuldenaufkommen von 30.000 Euro. Dieser Schuldenberg ist durch eine unglückliche Beziehung, Nachgiebigkeit und Gutmütigkeit dem Partner gegenüber aufgetürmt worden. Als Friseuse mit einem Einkommen von ungefähr 1.000 Euro, wird Sie nie in der Lage sein, diese Schulden abzubauen oder zurück zahlen können.

Mit dem ersten Kontakt wurde sehr schnell deutlich, dass mit diesen Schulden auch ein Schamgefühl existent ist, dass im Freundeskreis oder der Familie niemand etwas von dieser aussichtslosen Lage wissen soll.

Über einen Freund konnte ich mit der jungen Frau reden und wir hatten Zeit uns mit Ihrer Situation zu beschäftigen und eine grundlegende Analyse dazu zu erstellen.

Dies ging einher mit einem klaren und umfänglichen „Sammeln" und dokumentieren Ihrer Schulden, der Analyse dazu, ob gegebenenfalls Verjährungen eingetreten sind und Minimierung durch aktives Bemühen von Gebühren und Zinsen möglich ist.

Über die Einrichtung eines P-Kontos und aller Bemühungen zur Sicherung der Lebensgrundlage wie Mietverhältnis und Strom usw, wurden existenzsichernde Maßnahmen umgesetzt.
Danach wurde versucht mit den Gläubigern einen Schuldenbereinigungsplan zu entwickeln und diesen zur Akzeptanz zu bringen.

Aufgrund der Höhe der aufgelaufenen Schulden und der sehr begrenzten Möglichkeit der Rückzahlung konnte dieses Bemühen nicht erfolgreich sein.

In sehr intensiven Gesprächen und dem Versuch bei der jungen Frau wieder ein Selbstbewusstsein zu aktivieren, reifte der Entschluss sich mit dem Gedanken des Insolvenzverfahrens doch intensiver zu beschäftigen und auch den Mut zu haben, dieses Verfahren durch zu stehen und sich damit zu identifizieren. Dazu gehört auch den Mut zu haben sich seiner Umgebung diesbezüglich zu öffnen und dazu zu stehen, dass das Insolvenzverfahren jetzt die einzige Möglichkeit ist, das junge Leben perspektivisch wieder in Griff zu bekommen.

Prozessunterstützend wurde ein ortsansässiger Schuldenberater gefunden, der auch schnell einen Beratungstermin vereinbaren konnte und die Verfahrensgrundlagen mit der jungen Frau erarbeiten konnte. Dies war ein einfacheres Unterfangen, da die Strukturen und die Ordnung in den Unterlagen zu einem ganzheitlichen Überblick ja bereits erarbeitet waren.

Ich hatte das gute Gefühl, dass der jungen Dame mit dem Aufzeigen dieses Weges letztendlich geholfen werden konnte und sie in diesen Gesprächen ein Selbstwertgefühl entwickelt hat, diesen Weg, wenn auch langwierig, gehen zu wollen.

Ich bin überzeugt, dass sie es schafft, dieses Verfahren positiv abzuschließen, vielleicht auch bereits mit einer verkürzten Laufzeit, da die Eltern jetzt aktiv über Ihren Versuch der Schuldenbereinigung informiert sind und sich aktiv bemühen der Tochter zu helfen.

Wichtig ist auch, dass seitens des Arbeitgebers offen und ehrlich über dieses Thema kommuniziert wurde und auch von der Seite Unterstützung versichert wurde.

… auf ein letztes:

(Nürnberger Nachrichten 29.Nov. 2016)

Böses Erwachen – Überschuldung nimmt zu

Apropos: Dass die Zahl er Verbraucherinsolvenzen gesunken ist, darf nicht den Blick dafür trüben, dass die der überschuldeten Menschen hierzulande weiter zugenommen hat.

Creditreform spricht von inzwischen gut 6,8 Millionen Betroffenen. Arbeitslosigkeit, Krankheit und Unfall gehören zu den klassischen Auslösern einer solchen finanziellen Misere.

In jüngster Zeit hat ein weiterer Faktor an Gewicht gewonnen, gescheiterte Immobilienfinanzierungen. Wird das derzeit historisch günstige Baugeld wieder merklich teurer, droht dieser Albtraum noch vielen Menschen mehr.

Stichwortverzeichnis

Insolvenzgericht
Vermögensverwalter
Wohlverhaltensperiode
Restschuld
Verbindlichkeiten
Zwangsvollstreckung
Vermögensauskunft
Restschuldbefreiung
Vermögensübersicht
Vermögensverzeichnis
Einmalzahlung
Insolvenzmasse
Vermögen
Aussonderung
Absonderung
Austauschpfändung
Steuerstraftaten
Geldstrafen
Bußgelder
Unterhaltsrückstände
Finanzamt
Versagungsgründe
Schlusstermin
Erwerbstätigkeit
Pflichtverletzung
Insolvenzstrafttat